HOW経営から
WOW経営へ

組織の想いをアートで解き放つ

デロイト トーマツ
コンサルティング
×
オーバーオールズ

日経BP

HOW経営からWOW経営へ

組織の想いをアートで解き放つ

目次

序章

なぜＷＯＷに注目するのか

第1章

ＷＯＷはこうして生まれた

CONTENTS

第2章 なぜアートなのか

CONTENTS

第5章 協業への想いを描く

HOW経営から
WOW経営へ

組織の想いをアートで解き放つ

序章

なぜWOWに注目するのか

「WOW」を経営の出発点に

わたしは、これが好きなんです！

わたしは、これがしたいんです！


ビジネスシーンですっかり聞かなくなってしまった言葉だ。

いま、経営者クラスでさえ、自分の本当の気持ちを表現することを逡巡しているようなケースに出くわすことも少なくない。特に、日本の大企業の経営陣にはその傾向がより強いのではないだろうか。

経営会議などで役員・部長クラスが冒頭のような言い方をしようものなら、「根拠は？　定量的には？　リスクは？」など総ツッコミ状態になることが容易に目に浮かぶ。場合によっては、そんな「青臭いことを……」といった心無い指摘がなされることもあろう。

ビジネスシーンでは、なぜかそういった〝指摘〟や〝批判〟をすると、きちんと考えているふうに見えてしまうきらいがある。

そもそも、ビジネスの場、特にカイシャでは、〝正しく、きちんと仕事をすること〟が求められる傾向が強い。論理的に正しくきちんと何かを整理し、その分析や考察結果を論理的に着実に伝えることが、仕事上のコミュニケーションにおいてはとても大事であると聞くことが多いのではないだろうか。特に、重要な意思決定の場面、例えば経営の方向性を大きく変えるような事項、大きな変革が伴うような取り組み、大規模な投資など、扱うトピックが重大であればあるほど、その傾向は強くなる。

さらに、ここ数十年の経済環境の変化が経営者に与える心理的な影響も大きい。「もう二度とあのような大変な思いはしたくない」「失敗したくない」「あらゆるリスクを考慮し、顧客や取引先、従業員、そして株主をはじめとした様々なステークホルダーに迷惑をかけたくない」という気持ちや想いに支配されてしまっている風潮がある。

今の時代、いろいろな情報が溢れている。得ようとすればいろいろな情報が入手できる。そうするとどうなるか。何をするにも、情報や論理で武装しようとしてしまうのである。経営者が何かの意思決定をしようとするとき、不安なのでつい正しさや根拠を求めてしまう。

しかし、そのようにして得た情報、作り上げた情報に基づいて決定したことは、実は誰もやりたくないことだったりする。実際、経営会議において、担当部長から提案された提案内容を聞いて、多くの役員が「それはどのようなデータに基づいているのか」「なぜそのようなことが言い切れるのか」「競合他社の状況はどうか」という、いわゆる〝指摘〟〝批判〟〝批評〟の応酬になってしまい、提案内容が不本意な形で大きく変更になってしまうことも少なくない。

もちろん、経営上の様々な取り組みにおいて、論理的に言い切れているか、定量的な根拠を押さえているか、将来のシナリオを複数パターンでシミュレーションできているかなど、単なる個人の想いや希望ではなく、客観的に見ても正しいかという点を重視したコミュニケーションが大事であることは間違いない。

しかし、はたしてこのようなコミュニケーションを〝カイシャ〟という閉じた世界で繰り返しているだけで、これからの未来を描いていけるのだろうか。

ここに大きなチャレンジがあると、本書執筆チームであるデロイト トーマツ コンサルティングとオーバーオールズは考える。

定量的な根拠を押さえた論理的な正しさを競い合うという営みだけでは、ここ数十年、日本企業は必ずしも大きな成果を残すことができていないという現実がある。また、魅力あふれるビジョンを持ち、それを掲げる経営者が登場したとしても、そのビジョンを、論理的に正しいものとして証明しよう、きちんとした根拠に基づいた形で説明しようとすればするほど、「人の心には響かない」という結果に陥る。「人はロジックでは動かない」ということにどう取り組むか。これからの企業経営、さらには組織マネジメントの中心に据えられていくことになるであろう。

そこで主張したいのが、「これからの時代こそ、ＷＯＷを経営の出発点にしよう！」である。

刷り込まれた「WOWではなくHOWだ」

ミレニアム世代やZ世代などをはじめ、仕事に対する価値観が多様化しているといわれて久しい。しかし、これまでの日本企業のマネジメントがやってきたことは、組織マネジメントの中枢を担う部課長、さらには役員クラスメンバーが〝わかっていない〟若手に対して、ビジネスのイロハを教えるという方法である。

「最近の若手は、ビジネスのやり方、業務のやり方、お客さんとの関係構築のやり方が全然わかっていない。だから教えないとだめだ」

こういう論調は大昔から存在する。それでも、組織の上位役職者、すなわち経験年数二十年超のベテラン社員が考えることが相対的に正しく、それに従っていれば大きくは間違えることがなかった時代、価値観も似通っており、社会が向かう方向に対しての共通的な見解があった時代はそれでよかったかもしれない。

しかし、それはもう成り立たない。いやむしろ、二十代や三十代の方が、時代の先を感じ、読み取る力に優れている可能性も非常に高い。それを古い価値観で抑え込み、教育・育成という名のもとに矯正してきたのがこれまでの変遷ではないだろうか。

多様な価値観を重視する、新しい発想を大事にする、個を生かすなどと口ではいうが、日々の業務やマネジメントの場面では、上位者から見える綻《ほころ》びばかりを指摘してしまう風潮は、いまだに敢然と存在している。しかも悪いことにこれは、幼少のころから徹底して刷り込まれている。


土日にグラウンドで、野球やサッカーのチームがコーチに従って一生懸命練習をやっているのを見かける。そこで監督やコーチからのかけ声を聞いてほしい。

「おい！　それは違うって言っただろー、さっき何を聞いてたんだ⁉」

「お前は何回ミスしたらわかるんだよ⁉」

「そのプレー、そこ集中しないとだめだろー！」

「ボール見てるのかー⁉」

「歩くなー、走れー」

どうだろうか。このような声をかけられてワクワクするだろうか。このセリフを読んでいるだけでとても嫌な気持ちになった読者も多いのではないだろうか。

ほぼこれと変わらないやり取りが、十数年前まで日本企業の多くの場面で見られた。しかも、まだまだこのようなコミュニケーションが主流のままの組織も多い。

さらに、このような声をかけている監督やコーチ、そして職場の上司は、良いアドバイスを提供しているつもりになっている点も非常にまずい。

もちろん、このような課題を克服するための方法として、多くの様々な方法が考案され、発表され、流通している。例えば、コーチングやメンタリング、傾聴、サーバントリーダーシップ等々、挙げればキリがないだろう。

また、メンバー自身の考えやアイデアを引き出す方法もいろいろと考案されている。例えば、プロスポーツのチーム、学生の様々なクラブ活動などでも、夢を描くことの大事さ、それを共有することの楽しさ、そして、マイナスを克服することのみに着目するのではなく、プラスを伸ばしていくコーチングなどの手法がそれに該当する。加えて、有言実行へと導くための内省の仕方、さらに最近ではそれをデジタルで高頻度にフィードバックする仕組みなど、次々と考案されつつある。

しかしながら、残念なことにこのような手法を用いて交わされる会話も、結局は論理的で正しいコミュニケーションが優先され、自身の想いや気持ち、情熱を表現するということには結びついていないケースがまだまだある。

むしろ、正しいとされるやり方をきちんと丁寧に、前例踏襲でたどることが求められてしまっているのである。本来楽しい場であるはずのスポーツの場ですら、正しいとされるプレーの方法やパフォーマンスの仕方の、いわゆる常識を埋め込まれる機会になってしまっているのが、日本の特徴的な状況であるともいえる。

もちろん、昨今のスポーツ業界には、ＷＯＷを体現するプレーヤーも現れてきているのはうれしい兆候だし、そのような環境を作り出すことができる見事な指導者も登場し始めている。悲観し過ぎる必要はないが、ビジネスシーン、特に伝統的な日本企業であるほど、ＨＯＷが重視され、かつ新しい発想よりも、決まったやり方を守ることが優先されてしまっている。

感情や欲求は控えておくことが必要⁉

さらにいえば、そもそもそれで楽しいのか⁉　働いていてワクワクするのか⁉

論理的な正しさを追い求め、それを証明するようなアタマの使い方をするだけなら、もはやその仕事は人間がやる必要はない。ごく近い将来に、その仕事はＡＩ（人工知能）が担ってくれるようになるだろう。ＨＯＷを考え、実施する・作業することだけが仕事なら、確かに人間の仕事は機械に取って代わられるかもしれない。

では、これからの未来において、人間は何をやるのか。

それは結局、人の気持ち、意志、願望、ふつふつとした感情、好き・嫌い、うれしい・楽しい・悲しい、などに基づいて、望むこと、欲するものを発想していくことではないだろうか。

しかし、感情剝き出し、欲求剝き出しというのは、ビジネスではよくないことと捉えられている。もちろん、合理的な意思決定のためには感情や個人の欲求は控えておくのがよいのかもしれない。いや実際、その方が合理的な意思決定がスムーズに行いやすいという面もあろう。

ただし、これに慣れきってしまうと、感情や欲求を出して仕事をすることが忘れ去られ、ついにはお互いの感情や欲求を知らないまま、日々を過ごしてしまうことにもなる。それでも仕事がうまく回ればよいのかもしれないが、それではツマラナイですよね、と言いたい。

ＷＯＷを大事にすることを提案したい

ぜひ一度振り返っていただきたい。これまでの経験で、「ＷＯＷ！」あるいは、「わぉ!!」「うわー!!」「すごい！」「すばらしい！」「びっくり！」「大喜び！」「うれしい！」などの気持ちを感じた瞬間はどのようなときだろうか。

その言葉や気持ちが出てくるとき、「○○が○○なので、うれしい、びっくりした」というのではなく、自身の心の中から最初にぱっと、ワォ！と出てくるもので、仮にそこにロジックや根拠があっても、それはすべて感情や気持ちの後から出てくるものに過ぎない。

自分にとってのＷＯＷとは何か。チームにとってのＷＯＷとは何か。組織にとってのＷＯＷとは何か。そして、社会にとってのＷＯＷとは何か。

これらに対して、素直に率直に想いを馳せ、それを表現し合って組み合わせていくような世界。こういう世界をもっとシンプルにビジネスや仕事のシーンにおいて作り出せないのか。これこそが、本書の執筆チームの想いであり、本書出版の動機である。

本書では、次の三つの問いに対してチャレンジをしている。

①ビジネスシーンにおいて、もっと感情・気持ちをむき出しにすることができないか。
②その感情・気持ちをお互いに尊重し合うことができないか。
③表現された感情・気持ちを通じて、新しい価値を生み出すことができないか。

なぜアートを用いるのか

このチャレンジに向けて、本書で提案したいのが、アートを使った表現とコミュニケーションである。

ここでいうアートは、流行りの映像技術やデジタル技術ではなく、絵という表現方法を我々は採用している。絵は、一瞬の場面・心情・イメージを切り取ったものであり、静止しているし、音はしないし、動きもしない。それがゆえに、その絵の描き手（もしくは、絵として表現する代弁者（アーティスト）に対して伝えたメンバー）の想いと、受け手となる観察者の感じ方が、一致するにしても・しないにしても、交わっていき、そこから新しい感情や新しい発想が生まれていく。

また、自ら絵を描くことは、少し大げさにいえば、あらゆる意思決定の連続である。キャンバスは縦か・横か、筆は何を使うか、何色か、どこから書き始めるか等々。しかも面白いことに、その意思決定にロジカルさはいっさい求められない。いやむしろ、そんなことを気にしていると絵を描くことすらできない。

ここで、絵の巧拙は一切関係ないという点を補足しておきたい。絵の具を使って、キャンバスに向かって筆を下ろすことさえできれば大丈夫。むしろ、絵に不慣れで、表現方法が乏しい方が、絵を描く場面で苦労し、不自由さを感じ、それがゆえに立ち止まり、自身が考えていたことが何かということを振り返る時間が生まれる。考え、描いてみて、うまくいかないから立ち止まり、さらに考えて、といったことを繰り返していくうちに、最初は思い至っていなかったようなことまで思考が深まり、自身でも気づいていなかったことに気づくことすらある。絵を描きながら、自身の想いを深めていく営みには、ある種の没入感と高揚、そして感動がある。独特の体験なので、ぜひ一度は挑戦してみていただきたい。

また、描き上げた絵を何名かのメンバーでお互いに見せ合いながら、絵に込めた想いを交換し合い、さらに絵から感じたことをお互いに言い合っていく。これがとても楽しい。「〇〇さんがこんなことを考えているなんて知らなかった、すごく共感した」など、通常の仕事を通じたコミュニケーションはもちろん、飲み会などでもなかなかしないような領域まで踏み込んだやり取りが生まれ、新しい信頼関係が生まれていく。他では味わえない独特の楽しさと充実感があるので、ぜひ試していただきたい。

本書では、ビジネスシーンで実際に絵を描きながら行うワークショップなど、ちょっとした遊びをしながら体験するためのケーススタディーを用意しているので、こちらも参考にしていただきたい。

さらに本書では、絵以外の方法で、思考を活性化させる方法も紹介している。おもしろいことに、あえて思考を少し矯正し、不自由さを味わうことで思いが引き出され、率直な意見が交わしやすくなることもある。この醍醐味を味わう一つの手法として、デロイト トーマツ コンサルティングが保有する Deep Dive© という手法について詳しく紹介しているので、参考にしていただきたい。

ここまで述べてきた通り、ビジネスシーンにおいて、感情や気持ちに素直になりながら、コミュニケーションしたり、自身の想いや希望、好き・嫌いを表現していくことは本当に難しい。

しかしながら、そこにチャレンジすることが、仕事においてもワクワクを作り出し、面白く、楽しい未来（ＷＯＷ！）を作っていく布石になると信じている。

本書が、みなさまのビジネスシーン、仕事上のコミュニケーションにおいて、普段は蓋をしてしまっている気持ちや感情を解放させ、ＷＯＷ！へと向かっていく一助となれば幸いである。

第1章

WOWはこうして生まれた

僕の話をしよう

いきなり自分語りで申し訳ないが、この章を読み進めてもらうにあたって僕が何者か、ご挨拶も兼ねて説明をしておきたいと思う。

僕は赤澤岳人、1981年生まれ。今現在（2024年の春）で42歳。株式会社OVER ALLs（オーバーオールズ）という会社を経営している。オーバーオールズは壁画アートの会社だ。2016年に創業したので、この原稿の執筆時で7年間、何とか生き残っている会社の経営者だ。

こんな書き方をしたのは、壁画アートなんていうニッチな分野、それもアートそのものがそれほど盛り上がっていない日本でやっていくのはそれなりにハードだからだ。しかも株式会社で、というのは珍しい。もしかしたら日本で一社だけかもしれない。いつもアンケートや申し込み用紙の会社業態の欄は「その他」だ。

僕は29歳まで無職だった。その頃は本を執筆する機会をもらえるなんて思いもしなかった。無職、かっこよくいえばニートってやつだ。引きこもりともいうかもしれない。ロスジェネ世代にはそんな人が多いように思う。僕もご多分に漏れず、ひどい生活をしていた。

そんな生活から抜け出すきっかけを今の妻が作ってくれて、29歳で初就職、大手人材会社に拾われて生まれて初めて会社員ってやつになった。

毎朝、決まった時間に起きて満員電車に揺られて会社に行く。そんな毎日が僕には新鮮だった。

入社後しばらくして、その人材会社で僕はある広告コピーを目にした。

「愛するために働く。」

このコピーは僕の心にものすごく響いた。

少し前までニートだった僕は、周囲を愛する余裕なんてなかった。働いて充実した生活を送っている友人たちを羨むならまだしも、憎んでさえいた。友人の結婚式とかに行くとつらかった。

「赤澤は今、何してんの？」って聞かれる。

別になんてことない当然の質問だけど、ニートだった僕にはすごくつらい質問だった。楽しそうに近況報告で盛り上がる同級生を避けるように、喫煙所に逃げ込んだ。僕はずっと社会に居場所はないと感じていた（悪いのは就職しなかった僕だけど）。

でも働き始めたことで、社会の中に居場所が生まれた。

毎日毎日、人や社会の役に立っていることを実感できるようになった。仕事を通じて他者と関わることで、初めて自分という存在を社会の中で感じられた。他者に対して何らかの自己表現をすることで自分という存在を感じられる。僕は仕事に夢中になり、人を愛することができるようになり、生きる希望が持てた。

だから、「愛するために働く。」というコピーが響いたのだ。

働くことは僕にとって何よりの自己表現となっていた。ワークライフバランスという言葉になぞらえると、ライフイズワーク、ワークイズライフだった。べつに24時間仕事！という意味ではなく。

その一方で、多くの日本人にとって、働くことが自己表現とはなっていないことに僕は気づいた。それどころか、仕事では自己表現をしないことが求められていると思った。

「仕事に感情を持ち込むな」と言われる。会社では好きな髪型も好きな服も許されない。組織の歯車の一つとして、自己表現どころか自己を殺すことが求められるのだ。

僕は朝の通勤風景にゾッとする。同じようなスーツを着て、無表情で淡々と歩く姿はまるでゾンビのようだ（ちょっと言い過ぎか）。

会社にいる時間、仕事をしている時間が、自分の生命を切り売りしている時間になってしまっている。少なくとも勤務時間は自己表現はできない。自分の人生を生きていない。

僕はこんな社会を変えたい

働く人が、仕事を通じて社会の役に立っていることを実感できたら、もっと仕事に誇りが持てたら、もっと仕事で自己表現ができれば、もっと人を愛することができて、生きる希望が持てるんじゃないか。もっと人生が楽しくなるんじゃないか。

そう思って、僕は会社を飛び出した。

無職の僕を拾ってくれた人材会社には5年いて、自分で提案した新規事業を任せてもらっていた。でも思うように結果が出せず苦戦していた。どんな事業だったかはここでは触れないが、日本の将来、会社の将来のためには絶対にやった方がいいと確信している事業だった。時がたった今なら、あの時の考えは正しかったと思える、そんな事業だった。今なら、時代の流れがそれを証明していると断言できる。でも当時はまだ結果が出ていなかった。

会社を飛び出す前、社長に呼び出されて言われた。

「この事業、続けたいか」

「はい、続けるべきだと思います」

「そうではなくて、お前は続けたいのか」

「僕がどうとかではなく、会社にとってこの事業は続けるべきだと思います」

「わかった。この事業はやめよう」

こんな会話だった。自分も経営者になった今なら、この会話の意味がよくわかる。本人がやりたいのか、なんとしてもやりたいという気持ちがあるのか。新規事業にとってはそこがものすごく大切なのだ。

会社にとって必要な事業であるとか、この国にとって必要な事業であるとかはＨＯＷな話だ。ＨＯＷな話ではゼロイチを立ち上げて維持していくことは到底できない。事業に必要なのは、理屈なんて時には吹っ飛ばすようなＷＯＷだ。

「はい、何がなんでもやりたいです」

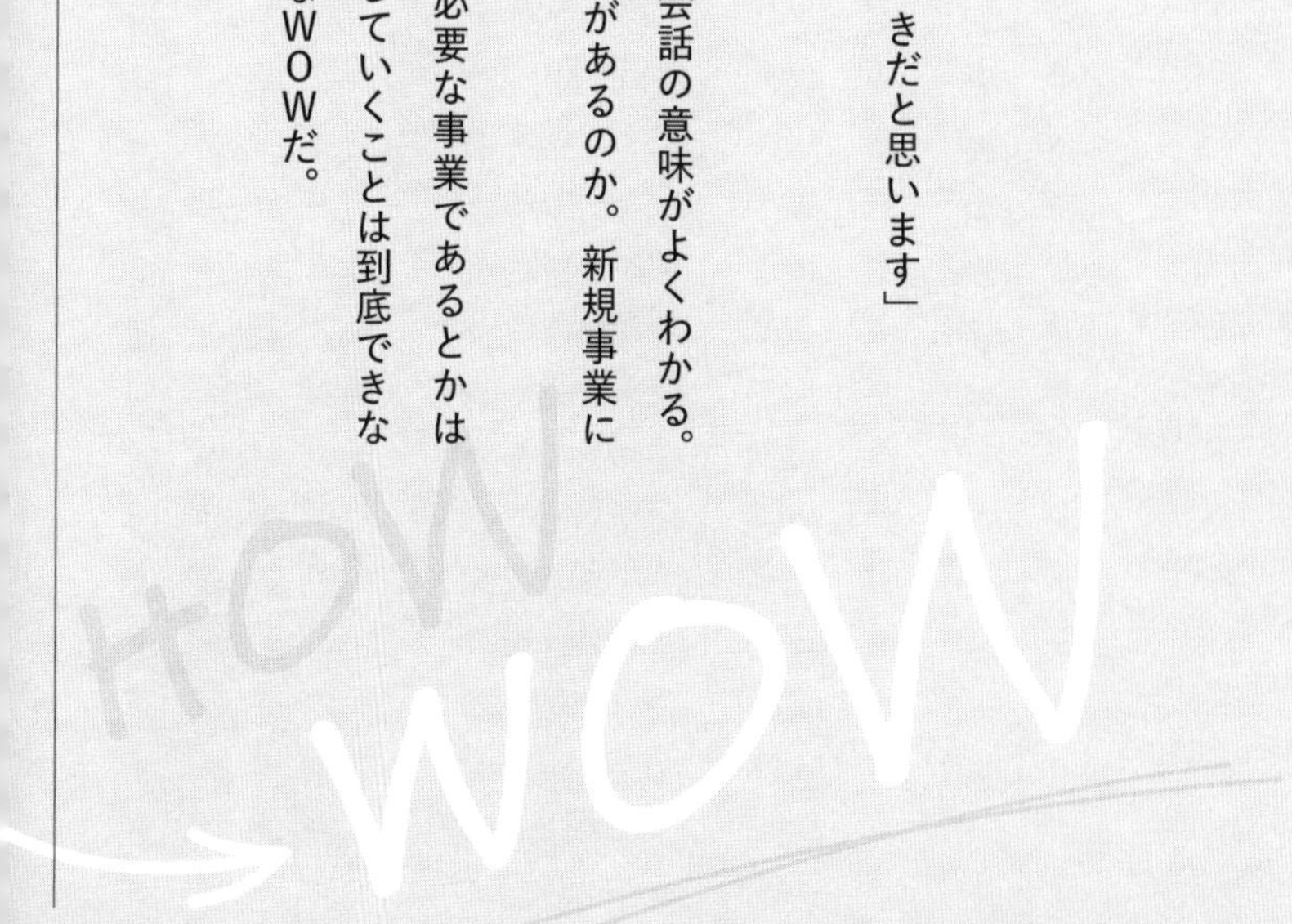

こう言っていたら、僕は今ごろ、その人材会社のグループ会社の社長になっていたかもしれない。でも僕はそう答えることができなかった。

仕事を自己表現として考えたときに、もう会社を飛び出したくなっていた。もっといえば、スーツなんて脱ぎ捨てたくなっていた。

退職理由を聞かれたときに、「もうスーツを着たくないんです」と真顔で答えて、多くの人が「?」という困惑した表情を見せた。今でも覚えている。でも、今でもその思いの根幹は変わらない。僕の中でスーツを着ないことはすごく大切な問題なのだ。

かつてクールビズなんていうキャンペーンがあった。これもよく考えたらひどい制度だ。暑かったら脱ぐ！　寒かったら着る！　そんな小学生でもできることを日本の会社員はお上から言ってもらわないとできないんだ。

話がそれたが、僕は自分の人生をもっと自分らしく生きたい、そう思って会社を飛び出したのだ。

やる気に満ちていた会社員時代の赤澤

オーバーオールズの話

そんな僕が会社を飛び出して立ち上げたのがオーバーオールズだ。企業理念は「楽しんだって、いい。」にした。「楽しめ」でも「楽しもう」でもない。もう少し柔らかく。「楽しんだっていいんじゃない？」くらいにとどめている。

ここに込めた思いは、まさしく仕事を自己表現にしよう！ということだ。もっと自分の思いを仕事にも人生にも乗せて、「しなくてはならない」ではなくて、「楽しんだっていいんじゃないか」ということだ。

僕は確信している。どの仕事にもＷＯＷがある。社会との関わりの中で誰かの役に立っているのであれば、そこには人の心を動かす何かがある。僕は、働く人たちに働くことが自己表現になると知ってほしい。もっと自己表現していいのだと知ってほしい。働くこと、生きることを楽しめる人を増やしたい。

そんな思いから、僕たちは多くの会社のオフィスに壁画を描いている。正確にいうと、絵を描くのは一緒にオーバーオールズを立ち上げた画家の山本勇気だ。僕は壁画のコンセプトを考えるのが仕事だ。いろいろな会社のWOWを見つけ出して、壁画にしてデカデカと掲げることをやっている。

会社のWOWって何かって？

例えば企業理念、例えば会社の歴史、例えばパーパス。そういったものにWOWが実はたくさん含まれている。それらの多くはHOW的なものの中には出てこない。

例えば、ある自動車販売の会社。この会社の新社屋エントランスに壁画を制作することになった。

35年前にプレハブ小屋で3人で起業したその会社は、今では4000人近い社員が働く大きな会社になっている。その歴史を壁画にしようと社員さんたちと打ち合わせを重ねた。

オーバーオールズ創業時

その中で一番大切なシーンがこれだ。歯ブラシでタイヤのホイールを磨く男性の姿。

これは創業者であるグループ代表の若かりし日の姿だ。創業時を知る役員たちにインタビューをしていくうちに出てきたエピソードを絵にしている。

当時から代表は「中古車だろうがなんだろうが、ピッカピカにしてお客様に喜んでもらう！　これが僕たちが大切にするお客様への感謝の表現だ！」と、徹底して中古車を磨き上げる姿勢を貫いてこられた。その姿勢が多くのお客様に伝わり、今の大きな会社に成長した。当時はスマホなんてないからホイールを磨く代表の姿は写真には残っていない。でもそのエピソードを聞いた社員のみんながＷＯＷとなった。

そんなシーンを会社の壁に大きく描いて掲げる。これが僕たちオーバーオールズの仕事だ。

写真：奥田晃介

写真：奥田晃介

豊かなのに閉塞感を感じる不思議な国

会社のＷＯＷを壁画にする仕事を続けていく中で、この本の共著者であるデロイトトーマツ コンサルティングの岡本努さんと出会った。

岡本さんは日本の会社の組織変革などを手がけているコンサルタントだ。コンサルタントという仕事に読者の方がどのようなイメージを持たれているかはわからないが、ある意味では究極のＨＯＷを提供する仕事だ。ロジックや左脳をフル活用する。そんなコンサルティング業界の中で、岡本さんは大きな課題意識を抱えていた。それがまさしく「今の日本の会社にＷＯＷが足りない！」だ。

そんな岡本さんたちと一緒に、ＷＯＷの大切さを感じてもらうセミナーをこれまで何度も開催してきた。

その中で、セミナーの参加者に向けてこんな質問をすることがある。

「今の日本に閉塞感を感じている方はいらっしゃいますか」

すると多くの方が手を挙げる。日本というのは豊かな国だ。沈みゆく国などと揶揄《やゆ》はされるが、インフラは整っているし、諸外国と比べて治安のよさはトップクラスとされる。内戦に苦しむ国のように、明日も生きられるだろうかといった危機感を背負っている人も基本的にはいない。

そんな豊かな国だが、多くの人が閉塞感を感じているという現実がある。

例えば、年間の自殺者数を見ても、確かにこの国には閉塞感があるように感じる。これだけ物質的に豊かな国にもかかわらず、2022年で2万1881人の方が自ら命を絶っている。人口比ベースで日本は世界2位の自殺大国だ。

その原因は、会社だけではなく社会全体がHOWばかりを追いかけてWOWが足りていないことにあると僕は考えている。

パーパス迷子の国

日本は今、生きる目的を見失っている国だ。今はやりの言葉でいうと、パーパスを見失っている国、いわばパーパス迷子の国だ。

平成初期までの日本にはＨＯＷを追求するパーパスがあった。

日本の歴史をパーパスという視点で振り返ってみる。

１９４５年、日本が戦争に負けたところから振り返る。焼け野原からスタートした日本には、戦後復興を！という強いパーパスがあった。戦後の復興に向けて何をすべきか。国内総生産（ＧＤＰ）を戦前のレベルにまで戻すのだという、極めてわかりやすいＨＯＷの塊みたいなパーパスだ。

そのパーパスの下に、「もはや戦後ではない！」という名言を生む神武景気、そして奇跡の高度経済成長に国を挙げて取り組み、急成長してきた。

戦後復興というパーパスから卒業した日本は、もっとがんばって働けば豊かになれる、物質的に豊かになることこそが幸せである、という時代に入った。3Cと呼ばれたカラーテレビ、カー（自動車）、クーラーをいつか手に入れるぞ、そしていつかはマイホーム！といった目標に向かってがむしゃらに働く。それこそが日本人のパーパスとなった。

そのパーパスをある意味では達成したのが、1990年前後に日本を包んだバブルという、これまた一つの奇跡といってもいいような時代だった。バブル景気の中で、物質的な豊かさを享受することは日本人にとってはあたりまえのことだった。

ただ、その後バブルが崩壊。日本は迷走する。

戦後の復興も物質的な豊かさも達成はした。しかしその後、新たに追いかけるものがなくなった。パーパスが見つからないのだ。

カラーテレビもカーもクーラーも特に夢の象徴ではなくなった。多くの人が持っているから、一生懸命働いて物質的に豊かになろう！という時代でもない。

その一方で、経済の中心は日本からアメリカへと移っていった。その差は日本企業と米国企業の時価総額ランキングを見ても明らかだ。いまさら右肩上がりのGDP（国内総生産）を目指すようなパーパスを会社が掲げても、そこに集まってくる人はいない。

そんなバブル崩壊後の30年は「失われた30年」といわれる。失われたものとはパーパスだったのではないだろうか。

まさにパーパス迷子の国。

なぜこんなことになったのか。

HOWだけを追いかけ続けたからだ。

HOWには正解やゴールがある。戦後復興、高度経済成長というHOWを追求してきた日本は、バブル景気でゴールを迎えた。その時点でHOWがパーパス的な役割を担わなくなった。となると、もっと内面的かつ答えのないWOWなパーパスが台頭してくればいいのだが、ここで不幸なことが起きる。奇跡の高度経済成長を支えてきたのは、教育現場からの徹底したWOWの排除、HOWな人材を生み出すことだった。

高度経済成長期に同じものを同じ品質でたくさん作るための労働力確保に向けて、均質な人材を生み出す教育が必要とされた。当時はそれが正解だったのだろう。

ただ、高度経済成長が終わった今、慌てて個性が大切だのイノベーション人材が必要だなどといわれ始めたが、学校教育の現場ではいまだに均質化された人材を輩出するための教育が行われている。

それが端的にわかる例が、「好き嫌い言うんじゃありません」という言葉だ。一見いい言葉のように使われているが、この言葉ほど個々人のパーパスを奪う強い言葉はない。大量生産・大量消費を支える労働力として無個性の人材をいかに育てるか、という目的のために考えられた言葉に違いない。

好き嫌いを封じられ、「中学生らしい、高校生らしい格好をしなさい」と言われ続け、一番感性が育まれる思春期に自己表現を封じられる。大学に入学し、ようやく自分らしい服装を楽しめる3年間が始まったと思ったのも束の間、大学4年生になり就職活動が始まると、髪の毛を染め直し、ピアスを外し、全員同じリクルートスーツに身を包む。そして、労働力を担う均質な人材として、大量生産・大量消費を支える人材として、世の中に送り出されていく。

余談だが、この話を書いていて気づいた。典型的な会社員男性の一生を振り返ると、髪を染めたりピアスをつけたり自分の好きな格好を許されるのは人生において3

年間しかない。それが大学に入学してからの3年間だ。60歳の定年後も自由といえば自由だが、その頃には染める髪の毛が残っていない人も多いだろう。自由なのは実質3年間だけなのだ。たった3年間。なんて息苦しい国だと思う。

採用する側の仕組みも、新卒一括採用という全社が同じタイミング、同じ手法だ。

この新卒一括採用という流れに乗れなかった者は、ひとまずこの国のレールからは退場する。それが毎年毎年行われているわけだ（僕も退場者だった！）。

もっと豊かに！と多くの国民が同じＨＯＷ的なパーパスに向かっているときなら疑問を感じなかったのかもしれない。しかし国民共通のパーパスがないのに形だけは均質化を求められるような状態では、閉塞感を感じない方がおかしい。

もはや大量生産大量消費の時代ではなくなった。にもかかわらず、平成以降もこの国は均質人材の排出を繰り返している。本来であれば、こういった国全体が迷っているときこそ個々人が自身の好き嫌いであるとか、仕事や人生の哲学であるとかの考えを持って動いていくチャンスなのに。

つまり、日本はＨＯＷに全振りをすることで成長してきた。だからそのＨＯＷが通用しなくなった途端に迷走し始めたのだ。

先に触れた自殺者が多いのもここに起因すると考える。ＨＯＷには正解がある。ということは不正解もハッキリと存在する。社会全体がHOW一辺倒であれば、おのずと社会の中で「あなたは不正解」というレッテルを貼られる人が現れる。そうなると、この世界から退場しないといけないと考えるようになる。それがこんなに物質的に豊かな国で自殺者が世界的にも最悪のレベルで多い理由だろう。

もっと答えのないWOWがもう少しこの国にあれば、この社会の中で間違っているから退場しなくてはと思う人を救えるに違いない。

コロナ禍でこんな出来事があった。コロナ禍で大変な目に遭っていた私の知り合いのライブハウス。ライブは全キャンセルで収入が一気にゼロに。でも「絶対に閉店しない！」と、ランチ営業を始めたりとがんばっていた。そのがんばる理由を尋ねると、「今までの音楽界では大きな混乱期の後にスーパースターが必ず生まれてるんよ。ベトナム戦争の時のジミ・ヘンドリックス（通称ジミヘン）もそう。だから今回のコロナの後にも絶対に音楽界のスーパースターが生まれるはず。僕はそれを自分の箱で生で見たいから、絶対にライブハウスは閉めないって決めた」と。

これが個々人のWOWに基づくパーパスなんだよなと。WOWなパーパスがある人は日本の閉塞感に悩んだりしない。むしろ、国が迷っているときこそ、個々人の自由度が増し、面白いことをやってやろうという人間がどんどんどんどん溢れてくる。それが本来あるべき姿だろう。

何が言いたいかって、国民共通のＨＯＷ的なパーパスが見つからない今の時代には、個々人が自分のＷＯＷなパーパスを持てばいい。そのために必要なのは経済発展や物質的な豊かさといったＨＯＷ的なパーパスではなく、もっと内面的な、いわば自分自身のＷＯＷを見つけ出すことだ。

そして今の日本で大切なのは、国全体の経済成長のために個人を押さえつけるような教育や採用の仕組みをやめて、個々人のＷＯＷをもっと出してもらい、そしてお互いのＷＯＷを認め合える国を作っていくこと。これこそが今の日本のパーパスに掲げるべき概念なのだ。

時代はＷＯＷを求めている

実は、ＨＯＷからもっとＷＯＷを軸にしようとする動きは産業ベースでも起きている。

今から10年ほど前に日本の三大商社の株式時価総額をリクルートが超えたということがニュースになった。２０００年頃からいわれ始めたモノ消費からコト消費の時代が完成した、ということだった。物質を売買・仲介する商社よりも情報を仲介するリクルートが株式時価総額で上回る時代になった、ついにそんな時代を迎えたということがいわれていた。

モノ消費からコト消費へ、ときて次の時代を表す言葉として、今はイミ消費とかエモ消費の時代だといわれている。

この変化こそがHOWからWOWへの転換だと思う。

かつて消費の中心とされていたモノやコト、つまり製品や情報で重要なのは、機能や性能といった「スペック」だ。その「スペック」が人々を感動させていた。

例えばテレビ。その昔、初めて白黒テレビが登場した時代。画面の中でプロレスラーの力道山が活躍する姿をみんなで見たい！と白黒テレビのある家にご近所さんがみんな集まって観戦、なんていう時代があった。その時代は間違いなく「画像が動く」というスペック、これが人々を感動させていた。

そこから、映像に色がついたカラーテレビが登場。このときにちょうど日本は先の東京オリンピックを迎えた。東京オリンピックをカラー映像で観よう！なんていうキャンペーンがあった。「フルカラーの動画」というスペックに人々は大感動した。

そこから時代は変わり、地デジ化が進み、薄型テレビが登場。映像はハイビジョン・フルハイビジョンと、より精細な映像を映すようになり、「スペック」はどんどん進化し続けた。

最近は、映像の精細さのスペックは4Kでとどまることなく8Kを実現したテレビが市販されるような時代だ。

ただ、読者の中で、かつて白黒テレビに夢中になった日本人と同じような気持ちで

「8Kテレビがどうしても欲しい！」という方は、どれほどいるだろうか。恐らくほとんどいないはず（筆者の勝手な想像だが）。

かつて白黒テレビを開発したエンジニアと同じように、おそらく8Kテレビを生み出したエンジニアも非常に優秀で、一生懸命に研究し、自分の仕事を信じて、新しいスペックのものを世の中に送り出そうとがんばったに違いない。

だが、そのスペックは多くの人を感動させているだろうか。残酷だけど、白黒テレビと8Kテレビでは大きな差がある。このことは認めざるを得ない事実だ。

ところが、今の日本の家電メーカーのテレビはいまだに「映像がきれい！」とか「速い動きに強い！」などの高スペックを売りにしている。

韓国の家電メーカーのテレビのリモコンを見てみるといい。日本のメーカーの製品よりシンプルでオシャレだ。「あの機能も入れろ、この機能も入れろ」「ボタンの数がスペックの高さを表すのだぁぁぁぁぁ！」なボタンだらけの日本の家電メーカーのリモコンとは大きく違う。多くの人にとっては映像のきれいさや機能の豊富さよりも、家に置いていてオシャレとか、ボタンはオン・オフだけであとはダイヤル式でもかわいいかも、といったように、そういうWOWなものを求めている。

というか、スペックの面でHOWではもはや差がつきにくいのだ。どのメーカーのテレビもフルカラー映像は映るのだから。

冷蔵庫も同様だ。冷蔵庫売り場に行くと、もう冷蔵庫の形がわからないぐらいにたくさんのポップが貼られている。「野菜がグーンと長持ちする!」「省エネ性能アップ!」「冷凍室が大きくなりました!」など、HOWの詰め合わせみたいなポップで埋め尽くされている。その中で光るグッドデザイン賞受賞のシール。ポップだらけで形すらわからなく魔改造された冷蔵庫を相手に「どうやってデザインを見るねん!」。そんな光景を見たことがある人は多いはずだ。

そういった冷蔵庫よりも、一切機能性をうたっていないにもかかわらず、デザインがすごくかわいい、部屋に置いていてもかっこいい、そんな海外製の冷蔵庫が人気だ。ドラマや雑誌に出ている部屋にはそういった冷蔵庫が必ず登場する。日本の技術力を結集した非常にスペックの高い冷蔵庫よりも、おそらくスペックでは劣るのに値段が何倍もするオシャレ冷蔵庫が人気なのだ。

そんな時代の流れを見ていくと、もはやスペックが人を感動させる時代ではない。言い換えるなら、スペックという点では人々はもう一定程度は満足している時代に入っている。

ではスペックに代わって人を感動させるものは何なのか。それがエモ消費やイミ消費という言葉に込められているものだ。エモーションやイミ、つまりはもっと感情面に訴えかけるもの。デザインであったりアートといったスペックではなく感情を揺さぶるもの、つまりHOWからWOWへの転換なのだ。

これはまさにVUCA（将来の予測が困難な状態）の時代というべきだろう。

つまりHOWからWOWへの人々の動向のイノベーションが起きている時代のことをVUCAと呼ぶのだ。

ＨＯＷとＷＯＷで分かれる価値観

ＨＯＷとＷＯＷは世代別の価値観の変化にも表れている。あまり世代の分断を喜々として語りたくはないが、生きてきた時代背景はやはり各世代の価値観に影響を与える。

例えば何をモチベーションに働くのか、という点において。

70代以上の方は、例えば食べ物を得るということが仕事をする上でのモチベーションだった。

まだ学生時代においしいものがお腹いっぱい食べられない同級生がいたような時代を過ごしてきたのが70代以上の方々だ。一生懸命働いてお金を稼ぎ、おいしいものをお腹いっぱい食べる、といったことがモチベーションだった。

今の70代以上の方々と一緒に仕事をしたことがある人は、何か大きなプロジェクトをやり遂げた後や大きな契約を取った後に、「おいしいものを食べに連れてってあげよう」と誘われたことがあるはずだ。おいしいものをお腹いっぱい食べるということが一番の幸せ、そんな時代を生きてこられた方々が今の70代以上の世代だ。

その下の世代は違う。今の30～50代の世代は食べ物に困るような世代ではなくなる。食べ物で満たされた代わりに出てきたのがお金への欲求だ。その中でも40～50代はお金を稼ぐ方向、30代はコスパ・タイパといった、お金をいかに効率よく使うか、というものがモチベーションを左右する。

40～50代はバブルの時期に学生や社会人だった世代で、たくさん稼ぎ、ブランド品や高級車、予約の取れない高級レストラン、そういったものに対して非常に高い憧れを抱き、そこにモチベートされる。この世代は給料が上がるとかボーナスが出るといったらモチベーションが上がるのだ。

一方、30代は同じお金でもコスパ・タイパを求める。だから「飲み会は給料出ますか」とか「それって個人的感想ですよね」と返して自分が損しないことを重視する。ネットが出てきて情報が溢れ、昔ならイマイチ不明確だった同業他社の雇用条件なども正確に入手して比較できるようになった世代だ。隣の芝生の色が気になって仕方がない。

お金を使うことを誇示するか、損していないことに満足するか、という違いはあるにせよ、この世代はある程度「お金」というものにモチベートされやすい。

それではさらに下のZ世代といわれるような20代はどうだろうか。牛丼300円でお腹がいっぱいになる時代だ。さすがに「お腹いっぱい食べるために働きます！」などと、食べ物をモチベーションにするとは考えられない。では、お金か?となると、先ほどの40代以上の世代と違い、今はサブスク、シェアという概念がZ世代にとってはごく普通の時代。物を持たない世代にブランド品や高級車は響かない。「カーシェアって便利だよね」といわれてしまう。

かつてバブル期には余暇を過ごすにもスキーであったりスノボであったりと、非常にお金を使う遊びが多かった。だが今は月額2000円で映画見放題の時代だ。

そんな時代に生まれてきた彼らからすると、食べ物はおろかお金もそんなにはモチベーションアップにつながらない。

そんな彼らの仕事のモチベーションは何か。いろいろな答えがありそうだが、間違いなくその一つに挙げられるのは承認欲求だ。世の中の役に立っている、よい影響を与えられている、あなたはここにいていいよ、というものだ。

HOWが通用しなくなった世界でWOWを中心に考えると至極当然の流れともいえる。自身の心のWOWを満たせるか否かが大切なのだ。

Z世代といわれる彼ら彼女らも迷っている。VUCAの時代に生まれHOWだけでは通用しない中でWOWを持たない大人たちを見て、いったい自分たちはどう生きればいいのか。

たいへん興味深い変化がある。全員がそうではないにしろ、30代のゆとり世代は「飲み会に行くのはいいけど、その時間って給料出ますか」だった。お金やコスパやタイパが価値観の中心だったHOW世代らしい発想だ。ところがZ世代は「飲みに連れていってください」と言ってくる人が多い。「赤澤さんのようなWOWを大切にして生きている大人に興味があります」と真っ向から言われる。VUCAという答えのない時代に冒険せざるを得ないWOW世代に変化してきているエピソードだと思う。

繰り返すが、どちらがいいか悪いかではない。時代背景の変化が起こす世代間の特徴がそうなっているというだけの話だ。

企業もHOWからWOWへ

ここまで、時代が変わった、世代の価値観が変わった、と書いてきた。

その中で日本の会社や組織は変化できているのだろうか。

ショックな数字がある。

アメリカの調査会社であるギャラップが発表した「グローバル職場環境調査」によると、2022年時点で「熱意ある」社員の割合は日本は5％で、調査した世界145カ国のなかでイタリアと並んで最も低かったという。

そりゃそうだよなと。

HOW一辺倒で「仕事に個人的感情を持ち込むな！」とやってきて。

暑い日にネクタイ外すだけでもクールビズとか国の許可がないとやれない空気。

そして働き方改革と銘打って働かない奴が働きたい奴の足を引っ張っている。

もう迷子ですよ、日本企業は。みんな迷子。
そりゃかつての日本企業は日本全体のパーパスに合わせて、
豊かな暮らしをするために！
たくさん作ってたくさん売る！
たくさん働いてたくさん稼ぐ！
これでよかったわけです。
ＨＯＷだから正解もはっきりしていてわかりやすかった。
だから終身雇用、年功序列、売り上げ、利益が指標だった。
でも今の企業を取り囲む価値観は、

・働き方改革
・ダイバーシティー推進
・ＳＤＧｓ推進
・エンゲージメント向上
・ＥＳＧ投資への対応

こういったワードが並ぶ。

これらの新たな価値観は、売り上げや利益というHOW一辺倒で語れないものであり、正解のない、ある意味では哲学的な、説明しにくいWOWの話だと思うのだ。

ではWOWをもっと会社の価値観の中心に持ってくるためにはどうしたらいいか。新しい資本主義だのステークホルダー資本主義だのといった言葉が飛び交うが、僕はそれを一言で「HOWからWOWへ。HをWに変えろ」と言っている。

では日本企業にWOWはないのだろうか。そんなことはない。でも多くの日本企業の社員はそれを意識することなく日々の仕事にいそしんでいる。

僕が日本企業に眠るWOWの可能性に気づいたのは、実は東日本大震災がきっかけだ。

ヤマト運輸という会社がある。ご存じの通り宅配事業「クロネコヤマト」を展開する会社だ。東日本大震災の津波の被害が甚大だった宮城県気仙沼市。当時1500人の社員が気仙沼市を含む被災地で就業していたが、震災当日はそのうち数人としか連絡が取れない、そんな状況だった。

壊滅的被害を受けた気仙沼市では青果市場が避難物資置き場として使用されていた。ただ市役所の職員は物流のプロではない。現場は混乱していた。そこで登場したのがヤマト運輸の社員たちだ。彼らは本社と連絡がつかない中、自分たちの判断でトラックを持ち出して配送を請け負うと申し出た。

それだけでなく、ロジスティクスのプロとして青果市場内を物流倉庫のように区切り、どこに何があるかの配置図を作って物品を管理、各避難所のニーズの把握も行い、的確な配送ルートを構築、避難物資の配送を引き受けたのだ。

すると最初は一日に一回の配送すらもままならなかった避難物資が、一日四回も各避難所に届く体制ができあがった。これぞプロフェッショナル。すごいの一言だ。

ここで僕はあることに気づいた。例えば「御社の社会貢献事業って何ですか」とたずねたら、植林事業とか地域清掃活動などと答える人が多いかもしれない。でもヤマト運輸の社員さんたちは気づいたはずだ。荷物を届ける、その本業こそが社会貢献そのものなんだと。

普段の生活なら当たり前のように感じている個々人の家に荷物が届く体制。実はクロネコヤマトができる前の日本にはそんな仕組みはなかった。

津波で何もかもが流されてしまった場所だからこそ、本業の宅配業こそ社会貢献という事実が浮かび上がってきた。

本社と連絡がつかない中で、社員が勝手にトラックを持ち出せば、普通の会社なら業務上横領に近い行為にあたるのかもしれない。だがヤマト運輸には社訓「ヤマトは我なり」がある。目の前の惨状にヤマト運輸としてやるべきことを個々人が判断して行動した。

その数日後、通信が回復し事態を知った本社はトラック持ち出しを追認するばかりか、全社を挙げて救援物資輸送協力隊（車両200台、社員約500人）を組織し、被災地に派遣した。

まさにWOWだ。物流のプロの力ってどんな社会貢献事業にも負けないWOWを秘めている。

実はこんなWOWはきっとどの会社にも、あなたの会社にも眠っている。世の中がHOWで溢れていて気づきにくくなっているだけなのだ。事業は誰かを幸せにすることで成立している。ドラッカー先生風に言うと、「事業の目的とは顧客の創造」なのだから。

それを掘り出すことを僕たちはずっとやってきた。

そしてこの本は、そんな取り組みをデロイト トーマツ コン

写真：奥田晃介

サルティングの皆さんとオーバーオールズでしながら見えてきたこと、考えてきたことを各章ごとにまとめたものだ。ぜひあなたの中の、あなたの会社のＷＯＷを探し出す一助になれたらうれしい。

第2章

なぜアートなのか

アートが必要か？　どのように役立つか？

これからの企業経営や組織運営には「アート＝ＷＯＷ」が必要だ。それはなぜなのか、そして、アートがなぜ企業経営や組織運営に役立つのかをこれから述べていきたい。

これらを説明する前提の知識として、まずはデロイト グローバルで開発した「Digital DNA」について紹介しよう。

「Digital DNA」は、２０１７年に米マサチューセッツ工科大学（ＭＩＴ）とフェイスブックとの共同研究により、デジタル時代に求められる23の組織の特徴（23 Traits）を抽出したものである。23の特徴のすべてを備えている必要はないが、これらの特徴のいくつかを持つことによって、デジタル時代でも成果をあげられる組織となりうる・なれる可能性が高まるという考え方である。

図2-1 「Digital DNA」における組織の23の特長

#	DNA Traits
Cluster 1 情報民主化と組織構造 情報のリアルタイム性、権限、組織ヒエラルキー	
1	DEMOCRATIZING INFORMATION　情報共有の程度
2	REAL TIME AND ON DEMAND　情報活用の度合い
3	ON-GOING SHIFTS IN DECISION RIGHTS & POWER　委譲された意思決定権限
4	FLATTENING & CHANGING HIERARCHY　組織構造のフラットさ
Cluster 2 アジャイルとイノベーション 事業や組織の働き方、イノベーションの起こし方	
5	FAIL EARLY, FAIL FAST, LEARN FASTER　「失敗を通じた学習」の浸透
6	CONTINUOUSLY INNOVATION　イノベーションの浸透
7	FLUIDITY　変化への適応の柔軟性
8	AGILITY　アジャイルな動きの浸透
Cluster 3 エコシステムとビジネスプロセス 社外メンバーとの事業の作り方、既存事業・オペレーションの共存	
9	CONTINUOUS ECOSYSTEM DISRUPTION　エコシステム構築・活用
10	ITERATIVE　反復型アプローチの活用
11	UNEVEN VELOCITY BETWEEN DIGITAL & LEGACY 既存事業から新規（デジタル）事業へのシフト
12	MULTI-MODAL OPERATIONS　新規（デジタル）組織と既存組織のバランスの適切さ
Cluster 4 仕事とチームのあり方 仕事と働き方、スキル要件やチームの変化、社外との協働	
13	CHANGING NATURE & TYPOLOGY OF WORK　仕事・働き方の変化の受容
14	DYNAMIC SKILL REQUIREMENTS　変化へのスキル適応
15	MORPHING TEAM STRUCTURES　チーム編成の権限委譲
16	CHANGING MIX OF TRADITIONAL & NON-TRADITIONAL STAKEHOLDERS ステークホルダーの範囲変更と協調
Cluster 5 モビリティとコラボレーション 顧客目線のコラボレーション、場所/地域/所属にとらわれない環境整備	
17	INCREASED CUSTOMER INVOLVEMENT　製品開発への顧客の関与
18	INTENTIONALLY COLLABORATIVE　意図的なコラボレーション
19	PRODUCTIVE MOBILITY　生産性の高いモビリティ環境
20	GEOGRAPHY AGNOSTIC　雇用の多様性と、働く場所の選択自由度
Cluster 6 ディスラプションとリスク 変化への許容度、ディスラプション実践、セキュリティ対策	
21	CONSTANTLY CHANGING DECISION CRITERIA　意思決定基準変更の柔軟性
22	CONSTANT DISRUPTION　ディスラプションへの適応力
23	MODULATION RISK & SECURITY BOUNDARIES　情報セキュリティの確保

出所：Deloitte Consulting LLP

「Digital DNA」の23の特徴を見ていくと、デジタル時代の中で勝ち残っていくために、企業や組織が変革や強化・進化をすべき観点を示しているともいえる。すなわち、職場でのコミュニケーションや仕事の進め方、意思決定の仕方などがその観点であり、これらが今後の企業変革を行ううえでの重要な観点と考えることができるのだ。

本書では、この企業変革を行う観点を7つにまとめた。この観点ごとに、なぜアートが役立つのかを見ていこう。

組織変革を行う際の7つの観点

①コミュニケーション
②組織マネジメント
③働く人のマインドセット
④チームワーク
⑤意思決定や投資判断
⑥会社と従業員の関わり方
⑦お客様との関わり方

① コミュニケーション

いままで＝ＨＯＷ：ロジカル（仕事に感情を持ち込まない）
これから＝ＷＯＷ：エモーショナル（仕事に感情を持ち込む）

これまでのビジネスの世界では、ロジカルなコミュニケーションが重視され、とかく「仕事に感情を持ち込むな」といわれることが多かった。しかし、テクノロジーの進展により、ロジカルなことがＡＩ（人工知能）やテクノロジーに任せられるシーンは、今後ますます増えていき、そのような時代においては、人間が果たすべき役割はエモーショナルな部分が中心となってくることは疑いの余地がないだろう。仕事のコミュニケーションの中に、いかに感情を持ち込むか、つまり、「好き嫌いや意思」を持ち込むかが大事になってくる。

このような背景の中、ロジカルなコミュニケーションから脱却し、人が感情を発露するために、アートは手っ取り早い方法である。長年、ロジカルであるようにトレーニングされてきたビジネスパーソンにとって、ロジカルを手放すことは意外に難しい。

しかしアートを使えば、ロジックの要の一つである「言葉」が強制的にブロックされるので、感情の発露がしやすくなる。対話の中にアートを組み込むことで、自然にロジカルの呪縛から解放され、エモーショナルなコミュニケーションを取れるようになるのだ。

② 組織マネジメント

いままで＝HOW：指示と遂行のマネジメント
これから＝WOW：共感と腹落ちのマネジメント

仕事上でのコミュニケーションがロジカルからエモーショナルなものに変化するならば、マネジメントのあり方も変化が必要だ。今までがロジックと合理性に基づき「指示と遂行のマネジメント」だったとすると、これからは感情や意思を重視した「共感と腹落ちのマネジメント」に変わっていかなければならない。

かつては、ロイヤリティーという言葉に象徴されるように、「指示されて盲目的に従う」ことが美徳とされていた時代もあったかもしれないが、今は違う。そもそも、言われたことをその通りにやればいいタイプの仕事はどんどんなくなっていくだろう。

これからの時代は、自分が担当する仕事の意味や意義を自ら主体的に考え、自律的に創意工夫をすることが重要になる。そういった自律性や創意工夫に向けた原動力を引き出すためには、会社や組織のリーダーの想いに働く人々がどれだけ共感し腹落ちできるかが重要になる。

会社やリーダーと働く人々の間に共感を形成するには、言葉だけのコミュニケーションではなく、アートも組み合わせた方がいい。アートは言葉よりも感情を表現しやすいし、アートの持つ余白は、アートを見た人の解釈の余地を生み、そしてそれが結果として、多くの人の共感につながるからだ。

③ 働く人のマインドセット

いままで＝ＨＯＷ：ビジネスパーソン（正確性と確実性）
これから＝ＷＯＷ：アーティスト（好き嫌い、意思を表現する）

コミュニケーションやマネジメントのあり方が変わるのに伴い、働く人のマインドセットも変わらなければならない。

これまでの企業では、言われたことを確実にこなすことを働く人に求めてきたし、正確さや確実性を持って合意形成ができるビジネスパーソンが重宝されてきた。しかし、「言われたことを確実にこなす」ことや再現可能な仕事は、ＡＩの方がはるかに得意そうだ。そうなると、働く人に求められるのは、確実性や正確性ではなく、新しい何かを創造することや、答えがわからない何かにチャレンジすることになってくる。

すなわち、働く人は、表現することがより求められるようになる。これは極論すれば、今後我々はアーティストであるということが求められるということだ。

④ チームワーク（心理的安全性とダイバーシティー）

いままで＝ＨＯＷ：個を殺して役割を遂行
これから＝ＷＯＷ：多様な人材とチームで創造

これからは、チームワークがますます重要だ。

テクノロジーの発展により、再現性のある仕事や作業がＡＩやテクノロジーにとって代わられると、残された仕事は創造的なものが中心となる。すなわちロジックや過去の分析ではなく、創造したり、未来を描いたり、未来に向けて組織を変えていくような仕事の重要性が増していく。外部環境に目を向けても、ビジネスのライフサイクルは短期化していて、変化の激しい環境の中で次々に新しいことに取り組まなければならないことは疑いの余地がない。

新しいことを生み出すためには、これまでと違う人や組織とのつながりが重要である。これまでのように自分一人でできることをコツコツとやっていくような仕事は少なくなり、どんどん新しい人や組織とつながり、公式・非公式にかかわらず新たなチームを組成することで、これまでにない新しい発想が生まれるのである。

そして、いいチームを作るためにも、アートは力になる。これについては、以下でもう少し詳細に説明しよう。

「心理的安全性」はアートで高まる

チームの生産性を高めるにはどうすればいいか。グーグルが取り組んだ有名な研究で、チームの生産性に影響を与えるもののうち、「心理的安全性 psychological safety」の高さがチームの成果に最も影響があることがわかっている。

「心理的安全性」を高めるならアートを活用することをお勧めしたい。なぜならばアートには正解・不正解がないからである。

通常のビジネスの中で論理的な会話になると、どうしても「詰めが甘い」「観点が抜けている」など批判的な会話になりがちだ。一方、絵には正解・不正解はないし、上手い・下手も関係ない。何よりも、人の「好きなもの」や「人生で大事にしているもの」を否定することは論理的にできない。このため、絵を使ったコミュニケーションでは、ミスもそれを理由とした批判も起こりえない。その結果、心理的安全性が非常に高いコミュニケーションが実現できるのだ。

チームの生産性にとって大事なこと

- 心理的安全性「チームの中でミスをしても、それを理由に非難されることはない」と安全だと感じられるか
- 相互信頼「チームメンバーは一度引き受けた仕事は最後までやりきってくれる」と信じられるか
- 構造と明確さ「チームには有効な意思決定プロセスがある」ことが明確か
- 仕事の意味「メンバー全員がチームのためにしている仕事は、自分にとっても意義がある」と思えるか
- インパクト「チームの成果が組織の目標達成にどう貢献するかを理解している」と思えるか

出所：グーグル

「ダイバーシティー」はアートそのもの

ダイバーシティーという言葉は、ほぼすべての企業でいわれているのではないかというくらい流行しているが、しばしばいわれるような、女性活躍というようなダイバーシティーの話をここでしたいわけではない。

もちろん、男性優位の画一的な企業文化の中で、女性を活躍させることには一定の意味があると思うが、究極のダイバーシティーとは、男性も女性もＬＧＢＴＱもなく、性別も国籍も学歴もあらゆるラベルやカテゴライズからも解放され、「個」が「個」としてリスペクトされることにある。

それぞれの「個」の違いが最も顕著に表れるのは、感情や意思、趣向においてだ。他方、ロジックや合理的なものは本質的に「個」で異ならないことに意味があるものである。

これまで何人ものビジネスパーソンに白いキャンバスを配り、絵を描いてもらう取り組みを実施してきたが、誰一人としてまったく同じ絵を描いた人はいない。少し似ているところや共通点はあったとしても、まったく同じことはないし、これからもありえないだろう。その違いに表れる感情や意志、違いこそが「個」でありダイバーシティーではないだろうか。

もう一つ大事なことは、白いキャンバスに絵を描いた人たちは、自分の想いを表現するのと同時に、一緒に働くチームのメンバーが「あまりに自分と異なる」ことに気づくことである。それが素敵なのだ。好きなものとか大事なものとか、チームメンバーが投げかけるポジティブな感情の向かう先がこうも違うのかと。家族だったり、趣味だったり、仕事だったり、ものだったり、自然だったり、概念だったり、思いつくものがここまで違うのかと。

それを認識し、メンバーのポジティブな感情の向かう先を肯定することは非常に大事だ。

絵を使った取り組みの場合、このような他者への肯定的なコミュニケーションが自ずと生まれる。絵を描くワークショップでは、「人の意見を否定してはだめです」などと言う必要がない。メンバーが好きなもののことを楽しそうに話しているのを聞いて、論理的に否定することもできないし、否定的な気持ちになる人などそもそもいないからだ。

アートには、ダイバーシティーを推進するうえで大事な要素が非常に多く詰まっていて、アートはダイバーシティーそのものだといっても過言ではない。アートを企業経営に取り込むことは、ダイバーシティーを推進しようという企業ニーズにも合致したものだと考えられる。

⑤ 意思決定や投資判断

いままで＝HOW：合理的・論理的な判断
これから＝WOW：想いや情熱にかけた判断

会社に感情が取り戻されると、会社の意思決定や投資判断の仕方も変わる。

これまでの意思決定や投資判断の仕方は、合理性、論理的に正しいことが優先されてきた。論理的に仮説が検証され、最も成功確率が高いことに投資をするのは合理的判断だ。

しかしこれからの時代、それだけでは不十分だ。論理的な観点や合理的な視点はもちろん大事だが、それだけではなく、そもそも「想いがあるのか」「取り組みに対して意思や情熱があるのか」「本当に誰かがやりたいと思っていることなのか」が重要視されるべきなのだ。

これからは正解がない時代だ。論理的・合理的に検討して正解っぽい何かを追い求めるよりも、正解かどうかわからないけど、突っ走ることの方がうまくいくケースも多いのではないだろうか。その時に大事なのは、論理的・合理的な根拠ではなく、その取り組みに対する強く熱い想いなのである。

⑥ 会社と従業員の関わり方

> いままで＝ＨＯＷ：会社と従業員は御恩と奉公
> これから＝ＷＯＷ：会社と従業員は共感

会社と従業員の関わり方も変わる（すでに変わったといってもいいかもしれない）。以前の日本社会では、企業と従業員の関係は、前述したロイヤリティという言葉に代表される「御恩」と「奉公」といえるようなスタイルだった。「従業員は会社に一生ついていく」「会社は従業員の面倒を一生みる」というような終身雇用が前提の関係だった。従業員にとって大事なことは、家族の生活を保証してくれる条件だったため、それを前提として、年功序列型の組織階層や報酬体系がデザインされていた。

しかし今は違う。転職や副業が当たり前の時代では、「一生ついていきます」という社員は少ないし、かたや一生面倒をみるという企業も減ってきている。

特にZ世代と呼ばれる世代（諸説あるものの、おおむね1990年代後半から2010年頃までに生まれた世代）は、小さい頃から食べ物に困ったこともなく、就職活動するにも売り手市場だった世代である。そうなると、報酬や福利厚生といった労働条件の優先順位は必ずしも一位にない。労働条件よりも会社に共感できるかどうかを大事にする若者が増えているのである。

一つの会社で一生涯働くわけではないことを前提に、働く人たちも、個々人が働く目的としてのパーパスを持つようになる。パーパスのある若者世代にとって、会社の想いを感じ、それに共感することは非常に重要である。企業は自分たちのパーパスや想いを表現することで求職者を引きつけ、社員を引き留め、社外の協力者を誘引することが求められる。

⑦ 会社とお客様との関わり方

> いままで＝HOW：機能的な価値への理解
> これから＝WOW：情緒的な価値への共感

今後は会社とお客様との関わり方、お客様への価値提供も変化する。かつて価値基準がスペックだった時代は、機能や品質、値段が顧客価値の中心だった。いわゆる大量生産大量消費の時代である。

しかし、今は消費者が求める機能や品質は必要十分な水準に達し、生活において解決しなければならない課題はおおむね解決されてきた。もっときれいに、もっと長持ちで、もっと楽に、という機能的な改善余地はあるかもしれないが、そこまで困っているわけではない。困っていない人に機能を訴求してもそれほど響かない。ならば、情緒的なものを訴求するしかないのだ。

他方で、個人の嗜好はばらばらになってきている。接するメディアが、マスメディア（テレビ、新聞、雑誌）から、ＳＮＳやウェブなど個人に最適化されるメディアに変わってきたことも大きな要因だろう。このような時代において、マーケティングで消費者をセグメンテーションしたり、どこにも存在しないペルソナを考えたりすることにどれだけ意味があるだろうか。これだけ一人ひとりが接する情報も嗜好もばらばらになってしまうと、セグメンテーションすることよりも、目の前にいる一人ひとりに向き合うしかない。大事なことは、一人ひとりのお客様との接点において、その人を感動させること。すなわちＷＯＷを届けることだ。

企業が求められる提供価値は、ＨＯＷ中心だったものからＷＯＷ中心になっていく。そのためには、会社のＷＯＷに個人が共感し、会社のＷＯＷに共感した個人がお客様のことを想像し共感することが大事だ。すべての顧客接点にＷＯＷがあるべきで、すなわち、サービスや事業はアート作品となる。これはビジネスにアートを取り入れるということではない。ビジネスが本質的にアートになっていくということだ。

図2-2　お客様にWOW!を

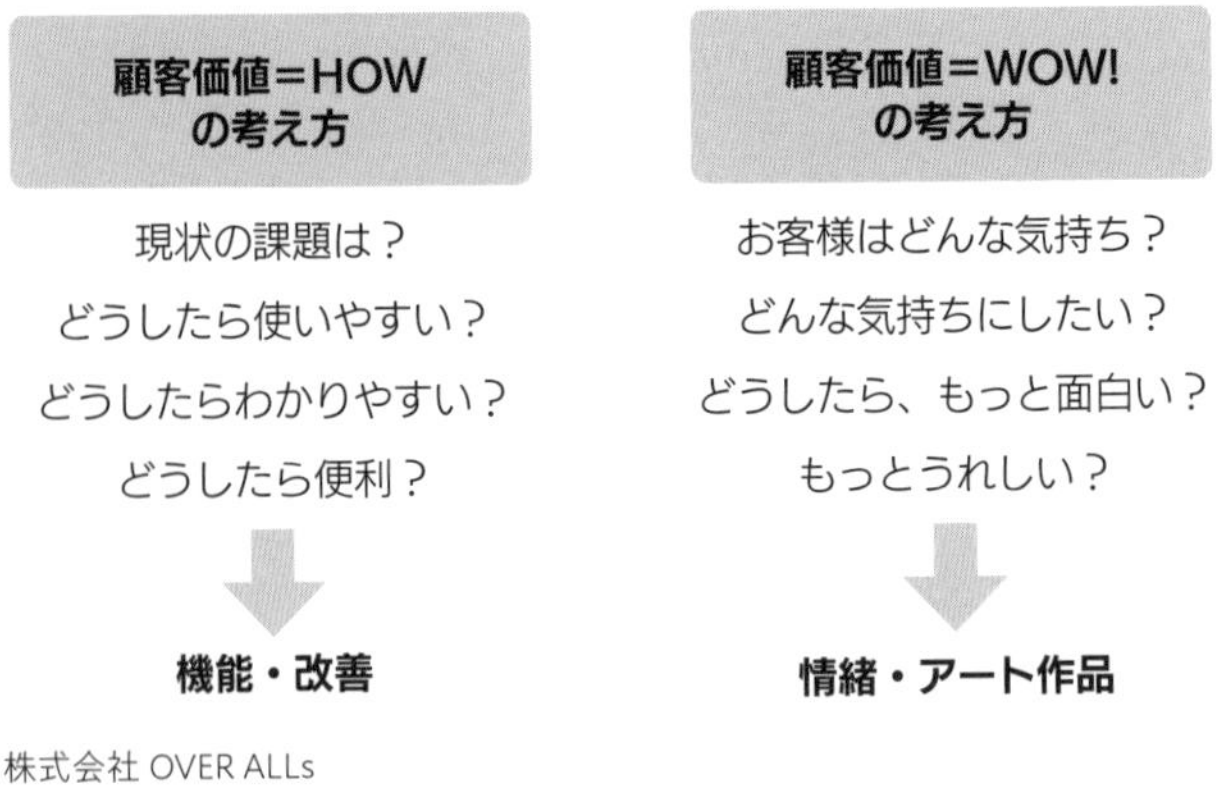

顧客価値＝HOW の考え方	顧客価値＝WOW! の考え方
現状の課題は？ どうしたら使いやすい？ どうしたらわかりやすい？ どうしたら便利？	お客様はどんな気持ち？ どんな気持ちにしたい？ どうしたら、もっと面白い？ もっとうれしい？
機能・改善	情緒・アート作品

出所：株式会社 OVER ALLs

動画でも音楽でもなく、なぜ〝アート＝絵〟なのか

ここまで述べたように、会社や組織にはＨＯＷからＷＯＷへの変化が求められている。そして、この変化を実現するためには、少なくとも次の二つのことが必要になる。

①働く人が自分の想いを表現すること
②会社が想いを表現すること

これらを実行するためには、「アート＝絵」がベストだ。

①「働く人が自分の想いを表現する」のになぜ絵なのか

働く人が自分の想いを表現するのに「絵」が最適なのは、次の五つの特徴があるからだ。

- 言葉を使わずに表現できる
- 表現の自由度が高い
- 非日常感がある
- 正解不正解がない
- 簡単で気楽にできる

例えば、これまで会社で行われてきたコミュニケーションを目的とした活動といえば、飲み会、カラオケ、ゴルフなどが挙げられる。それらと比較して、絵は何が違うのだろうか。

図2-3　絵と会社内コミュニケーションツールの比較

	絵	カラオケ	飲み会	ゴルフ
感情表現	◎	△	△	×
表現の自由度	◎	△	△	×
非日常感	◎	△	×	△
正解がない	◎	×	×	×
簡単・気楽	◎	△	△	×

出所：株式会社 OVER ALLs

「絵」は、カラオケ、飲み会、ゴルフにはない特徴を持っている。カラオケ、飲み会、ゴルフのいずれもビジネス上のコミュニケーションのツールではあるが、そもそも「自分の想いや感情を表現する」ためのものではない。むしろコントロールし忖度する（ことが求められてしまう）場である。若者にとっては、もはや罰ゲームと感じることすらある。それに、いずれも「正解」がある。カラオケやゴルフには点数がつけられ、飲み会もマナーに縛られ、上司に気を遣い、昔話と武勇伝を聞かされて、決して気楽ではいられない。

②「会社が思いを表現する」のになぜ絵なのか

「なぜ絵なのか」「音楽や動画ではだめなのか」。企業でアートプロジェクトをしようとするとき、ロジカルに意思決定しようとする人たちからよく聞かれる。音楽や動画がだめとは一概にはいえないが、少なくとも「従業員が自律的に共感する手法として」「その輪を広げていく手法として」絵がベストだと考えている。それはなぜか。

それは、これからの組織では、

・メンバーが「自分ごと化」したうえで共感できること
・メンバーが「自分ごと化」したものを他人に共有できること

の二点が大事だからである。

・メンバーが「自分ごと化」したうえで共感できること

動画や音楽に比べて絵が適しているのは、自分ごと化しやすい点にある。動画や音楽には時間という次元があるため、聞く人や見る人はその時間に拘束され、受け身にならざるを得ない。絵の場合、時間という次元がないため、見る人を拘束しない。見る人はあくまで能動的に作品を見る、という行為ができる。

それに加えて、絵には余白がある。言葉がないし、何らかのシーンを切り抜くので、それが何のシーンか、前後に何があったかを想像する余白があるのだ。

一方、絵と比較すると音楽や動画にはこの余白が少ない。例えば音楽。社歌を作るというのもいいかもしれない。しかし、歌には歌詞がある。言葉がある。言葉があることによって、受け手がイメージする像はかなり限定されてしまう。動画についてはなおさらなのはいうまでもない。

これらを踏まえると、「自分ごと化」することを目的とするならば、動画や音楽よりも、絵の方が優れているといえるのではないだろうか。なお、音楽や動画の価値がないといいたいわけではない。あくまでも、目的の適合性を述べているだけであることはあらためて強調したい。

・メンバーが「自分ごと化」したものを他人に共有できること

絵を表現するということは、誰かに思いを届けることを前提としている。すなわち、組織や会社のメンバーに思いを届ける、共有するということだ。この点で、言葉あるいは聴覚よりも、視覚的なものの方が向いている。

人間は視覚の方が聴覚より処理能力が高い。様々な研究によると、15倍ほど高いといわれている。このため、人に何かを伝えよう

図2-4　絵と音楽・動画の違い

	絵（理念壁画など）	音楽（社歌など）	動画（理念動画など）
余白	ある	少ない	少ない
受動/能動	能動	受動	受動
感覚器	視覚	聴覚	聴覚／視覚
時間性	なし	あり	あり

出所：株式会社 OVER ALLs

とする場合、音で聴覚に訴えかけるよりビジュアルに訴えかけた方が瞬時に伝わるのである。

今の時代、誰もが忙しい。30秒や60秒という時間であったとしても、社歌や動画をそれが終わるまで聞き続けてもらうよりも、瞬時に伝わる方法をとるべきではないだろうか。加えて、視覚の方が聴覚より記憶に残りやすいし、特に感情が伴う場合、言葉よりも視覚が伝えるものが多くなることが知られている（メラビアンの法則）。したがって、想いを誰かに共有するには、圧倒的にビジュアルに頼るのがいいのだ。

さらにいえば、絵には時間という制約が少ないため、共有もしやすい。壁画としてオフィスの入り口や壁に掲げることはもちろん、デスクトップに掲示したり、リモート会議ツールの背景にしたり、ステッカーにしたりと、様々な場面で共有できる。

組織に感情を取り戻そう

目指す姿には誰も文句はないが、実は誰の意思もない、もしくは、実は誰も「やりたくはない」未来を描いてしまうことは往々にしてある。

あるいは、実現すべきことを頭では理解しているが、取り組みそのものに共感できていない場合、なんとなく活動はしているものの結果としてやりきれなかったり、いまいち活動に推進力がなかったりすることもよくあることだ。会社を変えようとする時には、「ロジック＝ＨＯＷだけではうまくいかない」のだ。事業や組織の変革をやり遂げるためにはロジックだけでなく、意思と共感が必要なのだ。

これまでの日本の職場ではこういわれてきた。

「仕事に好き嫌いは関係ない」

「仕事に感情を持ち込むな」

しかし、そういう時代はすでに終わったのではないか。もちろん、ビジネスパーソンとしてある程度感情をコントロールするスキルはいまだに必要かもしれない。けれど、そういったスキルよりも大事なことは、台頭するＡＩやテクノロジーには決してできない、「好き嫌いをいうこと」「仕事に感情を持ち込むこと」ではないだろうか。すなわち、これからは「組織に感情を取り戻す」ことが必要なのだ。

どうやってアートで感情を取り戻すのか

組織に感情を取り戻すにはアートが有効だ。では、具体的に何をどうすればよいだろうか。


アートを通じて組織に感情を呼び覚ますのには、二つの方法が有効だ。

一つ目の方法は、仕事に感情を持ち込まないことに慣れた社員の方々に、あえて職場に感情を持ち込んでもらうことだ。もちろん、「感情を持ち込まないことが正しい」

という価値観で長年仕事をしてきた人たちに、突然「感情を持ち込んでください」といってもそう簡単にはいかない。ではどうすればよいだろうか。

それはこれまでも何度か触れてきたように、白いキャンバスを配り、自由に絵を描

**図2-5 「ロジック」の弱点と
やり遂げるためのポイント**

ロジックだけではうまくいかない

✕ 目指す姿には誰も文句はないが、
実は誰の意思もない
実は誰もやりたくない

✕ 実現すべきことを
頭では理解して納得できているが、
取り組みそのものに共感できていない

やり遂げるためには、意思と共感が必要

○ 目指す姿に、
誰かの意思がある
ただ一人でも「やりたい」と思っている

○ 実現すべきことに対して、
納得するだけでなく、
心から共感している

出所：株式会社 OVER ALLs

いてもらうことが有効だ。

　絵のテーマは何でもいいが、「人生で大切にしていること」「仕事で大切にしていること」「自分の会社の好きなこと」などをテーマにすることが多い。そして、「こういった観点で描きましょう」といった説明はあえてしない。「大切なもの」「好きなもの」という抽象的なテーマから、一人ひとりが自分で勝手に問いを立てて何かを見出すというプロセスそのものが大事だ。

　そして、自ら問いを立てて見出したことを、言葉として表現するのではなく、絵で描いてもらうことがポイントとなる。言葉にしたら、人によっては単語で終わってしまうことも、絵で描こうとするとその表現は無限に広がる。

　例えば、大切なものが「家族」だったらどうだろうか。言葉にしたら、「家族」と答えるだけで終わる人がいるかもしれない。そうなると、その家族がなぜ大事なのか、どういう家族なのか、何人いるのか、家族のどういう状況なのか、などを深掘りすることがはばかられるものだ。しかし絵の場合には、大切な家族がどんな状態なのかを描いてくれるはずである。例えば、みんなで並んでいる姿、笑顔で遊んでいる姿、みんなで食事を囲んでいる姿、等々。言葉にすることがはばかられるような感情的なことであったとしても、絵で描こうとすると、仮につたないものであったとしても自然に表現できるし、それを参加者で共有し合えば、自然に感情的な面での会話が生まれる。そして、これが職場に感情を持ち込んでもらう大きなきっかけとなるのだ。

二つ目の方法は、「目指す姿」や会社の理念、DNA、ミッション、ビジョン、バリューをアートに描くことだ。ここでは、一つの例として、社員の話を聞いたうえで、アーティストがイメージのスケッチをいくつか制作し、それを見せながら絵の内容を考えていく例を紹介したい。

・最初のステップは、社員の中から有志を募り（あるいは指名し）、検討チームを組成することからスタートする。

・検討チームメンバーに集まってもらい、会社の「目指す姿」をアーティストが質問し、メンバーに自由に話してもらう。その会はある意味言いっぱなしで終了する。その後、アーティストは、聞いた話を踏まえて、「目指す姿」を表現したイメージスケッチを複数パターン作成する。

・次に、イメージスケッチをもとに会話をしていく。イメージスケッチはいわばアーティストの表現である。これは品評会やレビュー会ではない。アーティストと参加者がともに作品を作るために、想いをぶつけ合い、一つの表現に昇華していくプロセスだ。表現をぶつけられた検討メンバーは、「なんか違う」「これは結構好き」「これは感覚的に嫌」など、従来のビジネスでの打ち合わせではめったに使わないような言葉を使って、感覚を言語化しながら、イメージのすり合わせを行っていく。そして、その発言を踏まえて、アーティストはさらにイメージスケッチをブラッシュアップし、メンバーに想いをぶつけ、完成に近づけていく。

ここで何よりも大事なことは、感情や直感、好き嫌いをトリガーに会話をすることである。こういった会話を通して、会社のどういうところが好きなのか、会社をどういうふうにしていきたいのか、といった感情を炙り出そうとしており、参加者の感情をアーティストが代わりに表現しようとしているのだ。このプロセスそのものが非常に重要なのである。

本当にそんなことができるのか、心配な方もいるかもしれない。ここに一つ、オーバーオールズの確信と信念があるとするならば、どの会社にも想いや感情、ＷＯＷがある、ということだ。会社が存在する以上、誰かの役に立っている。ということは、誰かの心を動かす何かがあるのだ。

図2-6 「WOW!」に象徴される会社の思い

会社には思い（WOW!）がある
会社の思いを壁画づくりで炙り出す

例えば、歴史や理念、目指す未来

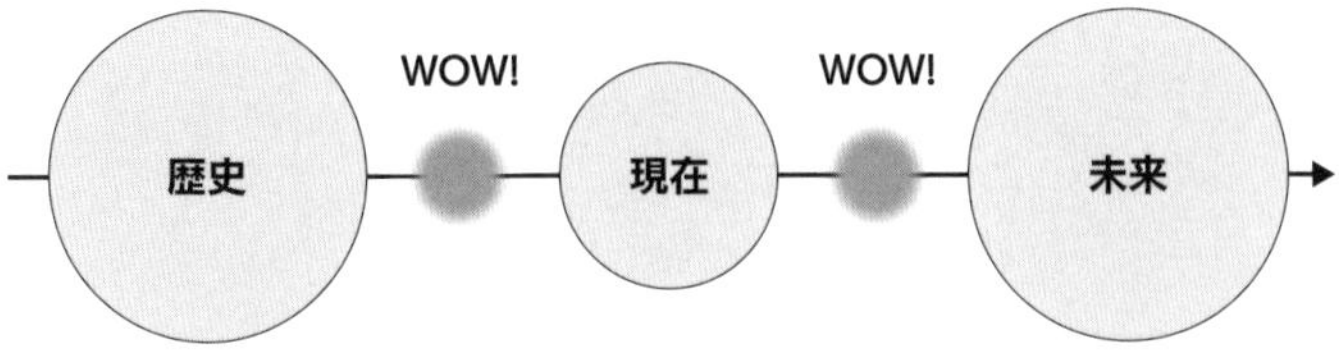

歴史・DNA バリュー・行動指針	企業理念・パーパス 使命・ミッション	未来 ビジョン
守るもの 大事にしてきたもの	会社の存在意義 あろうとしている姿	新しく生み出したいもの 目指すもの

出所：株式会社 OVER ALLs

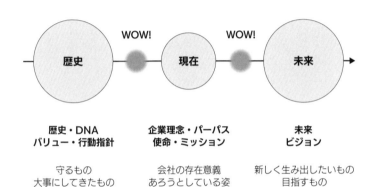

会社の歴史を遡ると、創業した時の想い、例えば創業者がなぜその事業を創業しようとしたか、企業が生き残るのは難しい中で何を大切にしてやってきたのか、どんな苦労をどのように乗り越えてきたのか、そういうところにＷＯＷが存在する。

もちろん現在にもＷＯＷはある。企業理念やパーパス、会社のスローガンといわれているようなものは、会社がどうありたいか、という意思そのものだ。ただ、その会社の意思が「理解」はされていても「共感」されていないことが往々にしてあるのだ。未来に向けたビジョンもＷＯＷである。

これらの想いや意思はつながっている。会社で働く人たちは、歴史にある大事な価値観や、そこから生まれた理念に共感し、それに力を得て未来に向かっていく。このダイナミズムを会社に取り戻すことはできないかということが我々の目論見なのだ。

組織を変えるにはアートとロジックの両方が重要

ここまで、ＷＯＷが必要だということを述べてきたが、実際に組織を変えようとする時、ＷＯＷだけで組織が変わらないのも事実だ。組織を変えるためには、アート（ＷＯＷ）とロジックの両方が必要だ。

例えばアートにできることは、「景色」「物語」を通じて、メンバーの感情、好きなこと、こうしたいという意思や情熱、強い想いを炙り出すことだ。

多くの日本企業ではこれらの想いがあまり重要視されてこなかった、あるいはどこかに追いやられてしまっていたので、相対的にこれらの想いがとても重要になる。とはいえ、組織を実際に変えようとする時、「こうしたい」という思いだけではどうしようもないのも現実だ。

「こうしたい」という想いが炙り出された。次は「どうするべき」か。それに応えるのはロジックだ。過去の経験から、分析的な思考を行い、構造化して、最も合理的な判断をすることは当然行うべきことである。本書での主張は、「こうするべき」と言う前に「こうしたい」を炙り出そうということである。「想いを炙り出してから、すなわち、想いというエンジンをまずは背負ってから、どうするべきか考えませんか」。それが本書の提案である。

図2-7　アートとロジックの両輪が大事

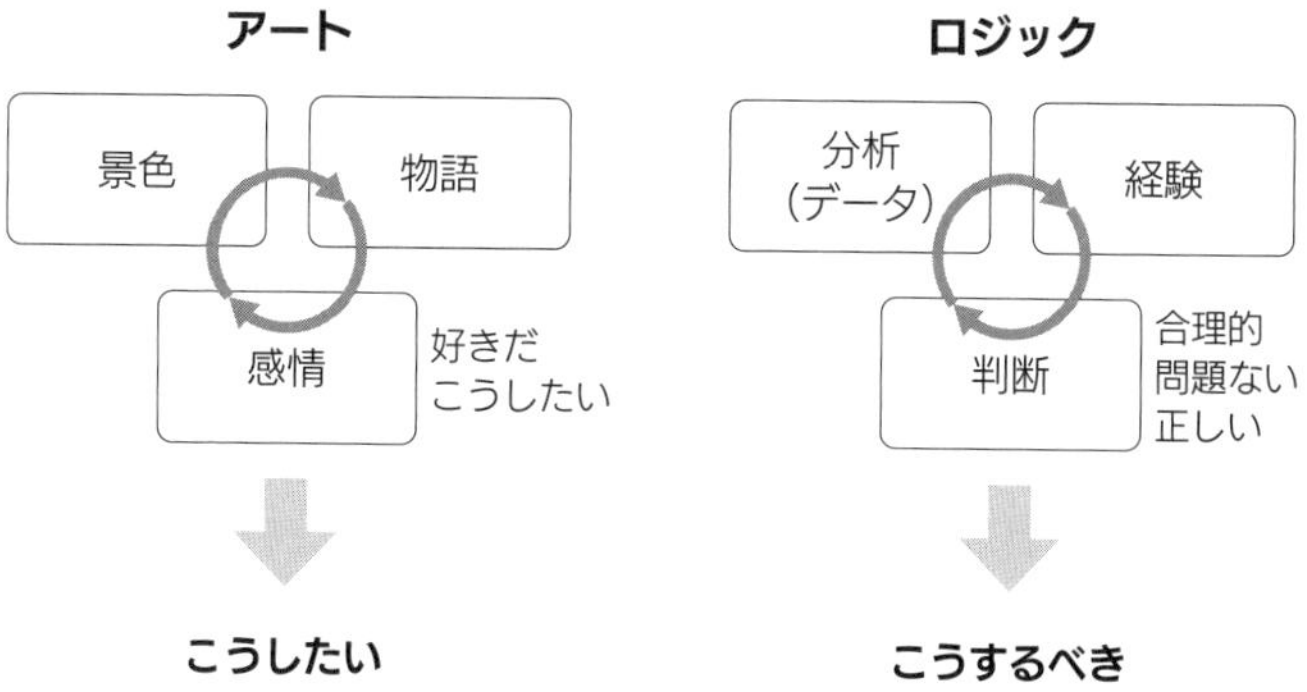

出所：株式会社 OVER ALLs

まず、ＷＯＷがあったうえで、ロジックに落とし込む。そして、ＨＯＷだけでは足りないところ、ＷＯＷだけでも具体的に動かないところ、それがロジックとアートが掛け合わされることで新しい化学変化が起こるのである。むしろ、アートとロジックの両方があれば、より実行力を持って組織を変えられる。

アートを使った取り組み事例

ここからは、本章のまとめとして、アートを使った二つの取り組み事例を紹介する。

一つは本章の中でも取り上げてきた、ビジネスパーソン自身に絵を描いてもらい、描いた絵を基に対話をする取り組み（個人のＷＯＷを表現する）、もう一つは会社の物語を壁画に描く取り組み（会社のＷＯＷを表現する）である。

取り組み1 ● 個人のWOWを表現する
～絵を描くワークショップ～

このプログラムはシンプルだ。参加者にテーマを投げかけ、参加者は自由に絵を描く。参加者の多くは、普段絵を描くことはない。自由に絵を描くなど幼稚園の時以来だという方も多い。白いキャンバスを配布し、アクリル絵の具と筆で自由に絵を描いてもらう。

参加者には、「人生で大切にしているものは」など、感情を問うテーマを投げかける。参加者は与えられた時間の中で絵を描き、完成した作品を基に会話をする、シンプルな時間だ。こんなシンプルなことに何の意味があるのか、と思われるかもしれないが、ビジネスパーソンの気持ちを剥き出しにする効果は絶大だ。

絵を描くと気持ちがむき出しになる

このプログラムが通常のビジネス上のコミュニケーションと大きく違う点として、次の二つのポイントがある。これらのポイントにより、ビジネスパーソンの「気持ち」

が剥き出しにされる。

1．個人の感情をテーマにする

通常のビジネス上の思考では、個人の感情が問われることは実はあまりない。そもそも、通常のビジネスシーンでは、感情を持ち込まない、冷静であることが是とされることが多い。自分の欲求は問われない。一方、我々のプログラムでは、まずは個人を問う。個人の欲求を問うことにより、個人の感情に焦点を当てるとともに、個人から役職や職位、役割のラベルを引き剥がす。

自分の感情を問われるという、正解のないものに答えを出さないといけない。通常ビジネスで求められる、客観的な視点や論理的視点では太刀打ちできず、自分の直感や感覚を剥き出しにすることが迫られるのである。

2．絵で表現する

二つ目のポイントは、表現手法を絵の具と筆での手描きの絵にする、という制約を設けることにある。絵で表現するという制約により、いくつか通常と違うことが起こる。

言葉が封印される

絵という表現手法に限定されることで、通常のビジネス上の最大の武器である言葉や数字が封印される。論理を無効化し、個人の欲求や感情を肯定するものである。

無限の自由度があり、意思決定できる

絵を描く過程では、すべてを「自分自身で」コントロールし、意思決定ができる。これが通常のビジネスの中では意外とない。自分自身で意思決定しているように見えても、実際はドキュメンテーションにルールがあり、クライアントがいて、上司がいて、社長がいて、会社がある。あらゆる関係性の中で、自分が好きなようにコントロールし、意思決定をすることなど、やっているようでやっていないのだ。

思い通りにならない

前の内容と矛盾するかもしれないが、筆で絵を描く過程では「完全に思い通りにならない」ところがある。パソコン上であれば、まっすぐな線も完全な円も簡単に描け

るし、好きな色が作れるが、絵筆とキャンバスではそうはいかない。思った通りの線も描けないし、思った通りの色も作れない。

そのプロセスが逆にいい。通常の文脈では「うまく作ること」や「上手に作ること」が推奨されるが、このプログラムでは違う。いろいろな表現を試しながら、色が混ざったり、色が重なったり、線画が曲がってしまうことを通じて、新しい気づきを得られるのだ。

時間的制約もあり、おのずと挑戦的になる

思い通りに描けないことに加えて、プログラムでは時間の制約もある。30分から60分程度の限られた時間で絵を描くことで、描く人はおのずと挑戦的になれる。

こうした時間を通じて、言葉や数字、あるいは図表やチャートで何かを表現するよりも、個人の感情が「剝き出し」になる感覚がある。

レイヤーを超えて他人を尊重できる

このようにして描いた絵をお互いに見せ合い、対話をする。ここで大事なことは、

絵を基に会話をすることだ。絵を対話の中心にすることで、通常とは異なる関係性を他者と構築することができる。絵を基に対話することで何かが起こる。

そもそも、人の想いなど誰も否定できない

絵のテーマに関わることだが、我々が実践している取り組みでは、絵のテーマを「人生で大切にしていること」「会社の好きなところ」など個人の感情（好き、大切、欲求）を問うものに設定することが多い。

このような設定で描かれた絵の場合、例えば、誰かが大切だと思う何かを否定することなどできるだろうか。誰かが大切な何かを大切そうに語るのを見るだけで、ポジティブな感情が伝わってくる。その人が個人的に抱く感情を否定することは、論理的に不可能だ。だからこそ肯定的なコミュニケーションが起こる。

絵だから共感できる余白がある

絵がいいのは、そこに言葉がないからだ。もし「人生で大切にしていること」を言葉で表現するとなると、「家族」「いろんな人の笑顔」「子ども」「みんなで飲むビール」「違和感」「挑戦すること」など、淡白に終わってしまう。

　これを絵にするからこそ、どんなシーンなのか、どんな色なのか、加えるならこんなこと、というのが次々に表現されていく。

　だから言葉より深くなる。家族とのどんなシーンなのか。家族とはどんな色なのか。それらを絵にすることで、描く側の思考が深まるし、見る側も「想像する」余白が生まれる。その想像する余白にこそ、「共感」する余地が生まれる。物語が生まれるのだ。その想像の余白には、見る人が自分の物語を埋め込んでいい。

　だから、共感できる。相手の側に自分の物語を埋め込んで解釈できるから、対立や衝突が起こらない。

人それぞれだ、ということがわかる

　絵で表現する場合、同じ問いかけに対して、表現するアプローチやシーンがあまりに異なる。その多様性を自覚することでお互いへのリスペクトが深まる。

　例えば、先ほどのテーマ。「人生で大切にしていること」に対してのアプローチも多様だ。

　描かれるものは、「家族や人」「好きなアクティビティ」「好きな場所や食べ物」「思想やコンセプト」「思い出の場所」など多岐にわたる。描く人によって切り口も違う。これはあえてそういう設定にしているし、あえて「自分が本当に大切なものを見つける」ことをゴールにすらしていない。

ここで大事なのは、「自分が大切なもの」を表現してみることだ。表現してみて、他者にぶつけてみることなのだ。この取り組みを通して、役職や職位の壁は完全に無効化される。大切なものは上司のものでも部下のものでも対等だからだ。

そしてその中で思わぬ共通点が見出せることもある。同じような色使いとか、同じような構図とか、同じようなモチーフとか。それはそれでいいだろう。それにあまりに自分の発想と異なるアプローチのメンバーがいることを知り、刺激を受けるのである。

正解がないからリスペクトができる

参加者が描いた絵には正解がない。正解がないから、誰が描いたどんな絵にも肯定的に接することができ、相互にリスペクトができる。実際、誰かが大切なものや好きなものを描いた絵は素敵だ。

取り組み2 ● 会社のＷＯＷを表現する
～壁画を一緒に作る～

会社にもＷＯＷ＝感情・思いがある。それらは、会社の過去・現在・未来にかけて存在している。例えば、会社の歴史には、会社のＤＮＡとなる思いや価値観がある。会社の現在には、理念やパーパスがあり、会社の未来を描くとなるとビジョンがある。これらの本質には、ＷＯＷがあり、壁画作りを通じてそれを引き出そうとしている。

壁画作りを通して会社のＷＯＷを引き出すプロセスは次の通りである。

①インタビュー・フィールドワークで深掘りし観察する
②アーティストがスケッチを作成し、それを基にディスカッションを繰り返す
③確定したスケッチを基に壁画を制作する

「みんな」で「壁画」を作る

会社の想いをどのような壁画で表現するかをみんなで考えることがポイントである。アートは基本的にアーティストが表現するものだ。したがって参加者の話を聞いてアーティストが表現したいものを表現するのではなく、アーティストが表現したいものを参加者にぶつけることにより、参加者自身の想いを引き出し、参加者の想いを表現しようというものである。

加えて壁画にこだわる理由がある。壁画は通常、オフィスのエントランスや目立つところに掲げられる。このため、描いた絵はおのずとお客様や関係者の目に触れるので、嫌だからといって隠すこともできない。つまりここに「自分たちの絵」として関わろうという参加者の強い動機づけができる。

気持ちを剝き出しにして会話する

一番大切なのは、感情を引き出すことだ。壁画の打ち合わせでは、「好き嫌い」を言っていい。通常の打ち合わせでは、「好き嫌い」や「なんか違う」「理由はないけど」というような曖昧なコミュニケーションは封印されるが、壁画の打ち合わせは違う。むしろ、「好き嫌い」を言っていいし、「理由はないけど」というような感覚的で曖昧なコミュニケーションが自然になる。

そして、ロジックがないので正解がない。ロジックの代わりに「ストーリー」が語られるのだ。

多数決ではない。想いが強い人に共感が募る

どんな絵にするかを固めるプロセスは、多数決で決めるようなものではない。なぜなら、自分の会社の大切なところに掲げる作品を他人に委ねるわけにはいかないからだ。ここでは想いが強い人がリーダーシップを発揮する。これは通常の業務遂行におけるリーダーシップとは異なる人が担うことも多い。想いが強い人に共感を募らせていく。このプロセスで作り上げていくからこそ、共感できる壁画が生み出されるのである。

アーティストの絵は「問い」。普段と違う思考が巡る

絵を作る過程では、アーティスト側から多くのスケッチを投げかけることになる。これは「問い」だ。アーティストからの視点で普段と異なる問いを投げかけられるこ

とにより、参加者は普段とは違う方法で自分たちの想いに向き合うことができる。

絵には共感する余白がある

最後に、絵には説明がないため、完成した壁画は見る人が自分の言葉で説明していい。それはこの絵に余白があることでもある。好きなところに自己投影し、共感する余白があるのである。

新しい価値の源泉になる

これらの絵を作る体験が「新しい価値」を生み出す源泉になると考えている。それは、絵作りのプロセスを通じて、通常とは違う思考プロセスを体験することで、普段得られない思考をめぐらせることができることだ。加えて、自分のＷＯＷや会社のＷＯＷを表現することを通じて、自分や会社にとって「**一番大事なこと**」に気づくことができるので、それを起点に新しい価値を生み出すことができる。

何か新しいものを生み出す時、何か現状を変えるとき、それをやり遂げるために大切なことは、想いや情熱だ。絵や壁画などアート制作を通じて、自分の想いや情熱を自覚し、火を燃やすこと、これが新しい価値の創出を後押しするはずだ。

第3章

アートを用いた企業変革事例

事例① ミズノ株式会社様

ミズノフットボールがウオールアートで伝えたかったこと

ミズノが大事にしてきたものがある。しかし、本当にこのままでいいのだろうか。

ミズノは、もともと日本のスポーツ用品メーカーとして野球やゴルフに強みがあった。サッカーは、そこまで強かったわけではないが、1985年にMORELIA（モレリア）というサッカーシューズが登場し、「軽量・柔軟・素足感覚」というコンセプトを掲げ、40年近くぶれずに、ユーザーにとっての履き心地や使いやすさを追求してきている。

今回、オーバーオールズとの協業によって目指したこと・達成したことについて、インタビューに応じていただいた佐々木孝裕氏によれば、「ユーザーの皆さんに、実際のプレーシーンで満足していただく。この一点にミズノフットボールは長年にわたってこだわってきており、そしてその仕事のスタンスを変えることなくつないできているのです」。

この言葉にミズノフットボールが仕事において大事にしていることが垣間見える。

一方で、佐々木氏によれば「現状に満足はしていない。もっとミズノフットボールの価値をユーザーに届けたい。もっと我々のブランドの持つ力をフットボールに向き合うすべてのユーザーに届けたい。そのためには、モレリアという象徴的な商品以外にも、もっとユーザーに訴求できるマーケティング・プロダクトを開発したいと考え、2019年頃からずっと取り組んできた」そうだ。

しかし、ここで大きな壁にぶつかる。それは新型コロナウイルスの蔓延による社会情勢の変化だ。ミズノにおいても新商品開発・発売の延期や休止などがあった。何よりも憂いたのが、コロナによって部活すらできなくなってしまった子どもたちだ。

ここで、ミズノフットボールのプロジェクトチームは考えた。

「はたして、この社会情勢の中で我々がフットボールユーザーに対してできることは何だろうか」

そこで、ミズノフットボールのメンバーは、ユーザー（実際にサッカーをプレーする選手たち）のところで可能な範囲でのグラスルーツ活動を実施したり、ミズノが培ってきた歴史や価値をさらに醸成するために、従来の商品の魅力を改めて訴求したり、様々なことにチャレンジした。そんな社会情勢の中でここ数年日本国内のフットボールシューズマーケットにおける国内シェアはトップになっている。もっとも、ミズノフットボールとしてはその状況に満足しているわけではなかったという。実際、「ミズノの印象を聞くと、履きやすい・きっちりとしている・真面目な感じがする、といった優等生的なイメージがあり、もちろんそれはそれでよいのですが、ブランド戦略の中で、何かもっとリーダー的な存在になりたい、カリスマ性があるようなブランド価値も加えていきたいと思っていたんです」と、佐々木氏に当時の想いを語っていただいた。

「〝ミズノはミズノらしく〟でいいよね、という気持ちはありつつも、本当はもっと僕らの想い、企業としての表現欲に素直になってもよいのかもしれない、と考えました。そこで出会ったのがオーバーオール

ズなんです。表現欲をもっと出してよい、アートでその想いを爆発させてみたらどうだろう。そんなアドバイスを赤澤社長からいただきました。今でも非常に印象に残っています」

ミズノフットボールの〝表現欲〟とは

「サッカーが上手い下手ではなく、情熱を持ってサッカーに取り組んでいる、あるいは取り組みたいと思っていたのにそれを十分に成し遂げられなかった子どもたちに、何かメッセージを届けられないだろうか」

ミズノフットボールのメンバーが、当時、本気で熱い議論を交わしたトピックだ。コロナ禍において、多くの学校・クラブチームで部活動の自粛や活動制限、あるいは対外試合ができなくなるケースがあった。さらに大会を勝ち進んでも、チームのメンバーに感染者が出て試合を辞退するなどの報道も多くあったのは周知の通りである。

「ミズノフットボールのメンバーはサッカー経験者がとても多いですが、皆が着目したのは、全国のサッカーの聖地と呼ばれる場所です。例えば、埼玉スタジアム2002に駅から向かう道にウオールアートで演出したらおもしろいんじゃないかとか、静岡の時之栖（時之栖スポーツセンター、12面のサッカーグラウンドと温泉・宿泊施設を備えた大型スポーツ施設）で何かイベントができないかとか、そういった施設なら大阪にJ−GREEN堺もあるけど何かできないか、とかディスカッションがありました」

そこでミズノフットボールが目をつけたのが、時之栖スポーツセンターである。ミズノフットボールのメンバーのサッカー経験者の多くが、一度は時之栖でサッカーをしている。全国高校サッカー選手権大会などの前には、強豪校が集い、合宿を張るそうだ。実際行ってみるとよくわかるが、すべてのグラウンドから富士山が見える。サッカーコートが何面もある広大な敷地から見る富士山は壮観だ。

佐々木氏にさらに熱い想いを語っていただいた。

「本当はここでサッカーを存分にやりたかった選手たちもいただろう。直前に合宿が中止になった子どもたちもいたはずだ。でも、忘れないでほしいんです。『コロナで全然サッカーができなかったな』ではなく、ちゃんとサッカーというつながりや場所が確かにこの時代にはあった、ということを。そしてそれを支える大人たちや我々ミズ

ノもちゃんと見ていた、ということを表現したかったんです」

この絵は、グラウンドを見ている。グラウンドでプレーをする選手たちを見ている。そして、目に映っているのは、円陣を組む選手たちだ。サッカーを通じて出会った仲間にこの目のように力強さをもらい、そして、その仲間たちを忘れない。さらにこの目は、これからここでサッカーをする選手たちを見つめ続ける。そういうメッセージが、このアートを見ているだけで想起されてくるようだ。

費用対効果を考えなくてよいのか

普通に考えれば、より多くの人の目に触れた方がよいだろう。サッカー用品を売りたければ、サッカー用品を露出させた方がよいはずだ。せめてサッカーをやっているシーンを表した方がよいのでは。これは誰もが最初に思うことだ。加えて、本当にこの場所でいいのか、など何度も議論を重ねたという。

現代のマーケティングといえば、SNSやCM、駅での広告など、より多くの人に一気に見てもらう・惹きつける工夫を行うことが主流である。

しかし、ミズノフットボールは、ここでもその想いを素直にぶつけていく。本書で一貫して主張する、HOWではなくWOWを大事にしたいという象徴的な表れである。まさに、ミズノフットボールの表現欲だ。

「サッカーに一生懸命取り組む選手たちやご家族のみなさんにこそ訴えかけたかったんです。サッカーに本気で携わる人、監督・コーチなどの指導者などにも伝えたいと考えました。それが、時之栖という場所なんです。実際、中高生にとっても、時之栖で合宿をする、開催される大会に出場する、強豪校と切磋琢磨する、というふうに、この場所そのものへの憧れすらある子どもたちが多いんです。そういうサッカーに対する想いに対して、ミズノフットボールも向き合っているぞ、何かおもしろいことにチャレンジしているぞ！と、こういう時代だからこそ前向きなメッセージを伝えたかったのです」

この企画案を時之栖スポーツセンターに提案したところ、快諾されたという。恐らく、その本気の想いが伝わったのだろう。いろいろな人から、「スポーツメーカーのミズノが何かしているぞ。これはなんだ、なんだ？」と言われたという。

それはそうだろう。サッカーボールも、サッカーシューズも、サッカー用品も、ミズノのロゴも何も描かれていない巨大なアートが突然、グラウンド横に現れたのである。

佐々木氏からは、「選手たちには、このアートを自分の目で見て感じて、いろいろな想いを感じ取ってほしいと、わたしたちは思っています。あるいは、当時はコロナ禍で、時之栖には来られ

なかったけど、大人になったときに、そういえば、あのとき確かに自分は本気でサッカーをしていたなとか、大事な仲間に出会えたなど、良い想いを馳せるきっかけとしてほしいんです」と語っていただいた。

なぜ眼にハイライトを当てたのか

この〝仕掛け〟の検討初期段階では、サッカーのゲームで点を決めて喜び合うシーン、人々が熱狂するシーン、あるいは、サッカーを必死にプレーするシーンなどが絵の候補として挙がったそうだ。あるいは、サッカーコートやサッカーゴール、サッカーボールなども考えられうる表現対象だろう。

しかし、ミズノフットボールはまったく異なるオプションを選ぶことになる。

「オーバーオールズの提案を聞いたとき、驚きと感動を覚えたのを記憶しています。アートとして眼を描き、そしてその眼の中に、円陣を組むサッカーチームの選手たちを描く。円陣はENGINE（エンジン）と読み替えることができるんです。そして、日本のサッカーのエンジン（原動力）でもあるのが、時之栖という場所なんです。こん

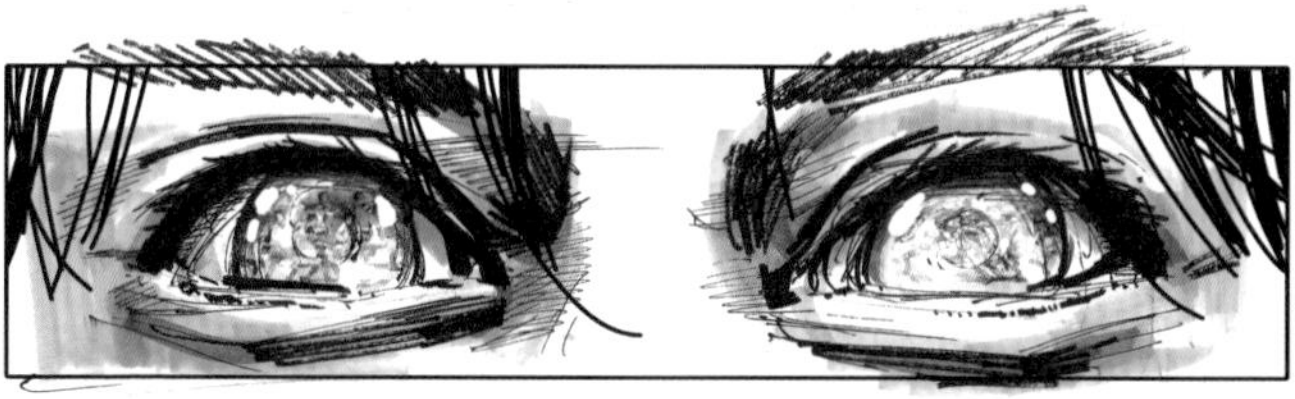

な時代だからこそ、改めて主張したかったのです。ほら、見てください。眼の中には円陣を組んでいる選手たちがいます。今までもこれからも一緒に未来に進む仲間たちを表現しています」

　そんな想いを込めてアートとともに表現されたのが、後述のストーリーである。

ウオールアートのストーリー“ENGINE ＝円陣”

『この一年半、いろいろあった。いや、あったというより、なくなった。
授業とか試合とか部室で語り合う時間とか。そんな今だからこそ
僕たちは、どんな状況でもなくならないものをここに刻んだ。
それは“仲間と一緒に過ごした時（とき)”。
それだけは何があっても君たちの心の中にある。
そしてそれはこれからの長い人生の中で、ここぞ！という時に、
君の心のエンジンとなる。必ず、なる。大丈夫。
君はいま、ちゃんと未来に向かっている。』

※出所　ミズノ株式会社 HP より抜粋

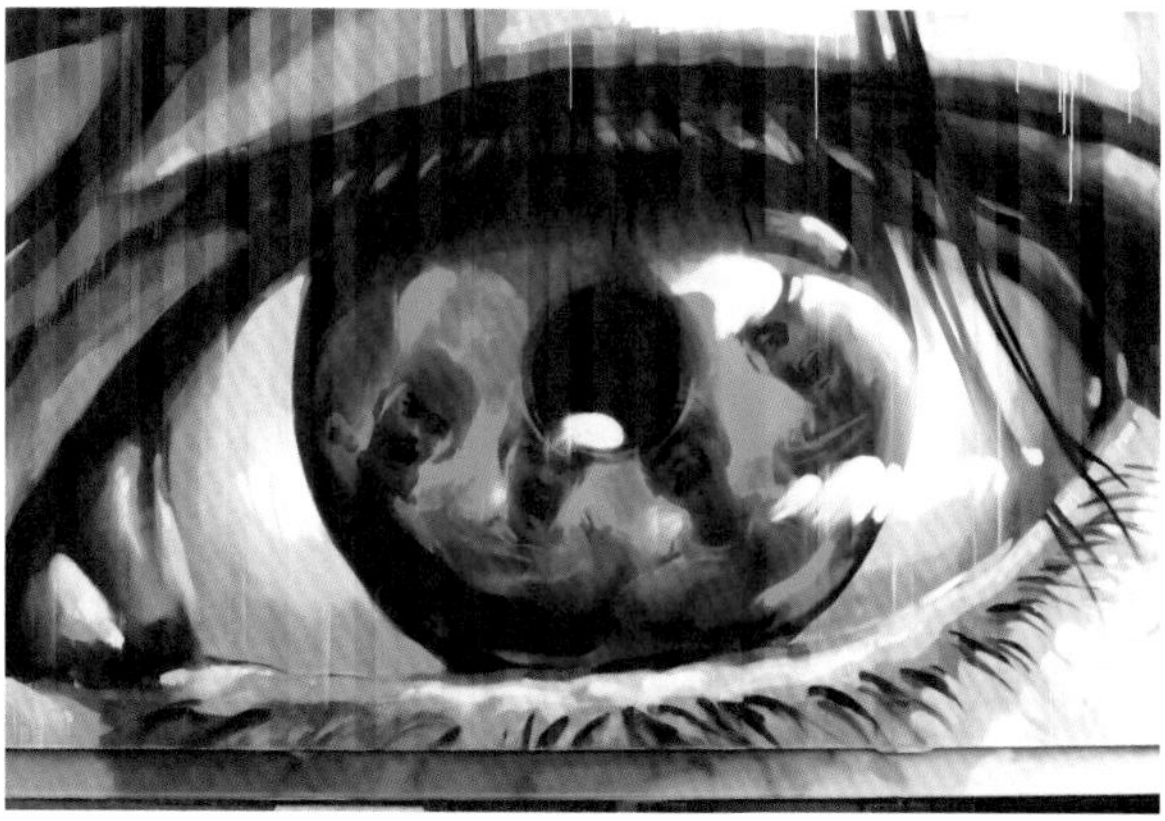

眼の中の円陣を組んでいる選手たち

ミズノフットボールのメンバーの変化

「もともと我々ミズノの仕事は非常に丁寧で、合理的だと思っています。シューズであれば、そのシューズの機能性（スペック）に徹底して焦点を当てます。シューズの重さ、材質の特徴やメリット、コストや利益を丁寧に検討し、具現化していきます。一方で今回のプロジェクトでは、まったく異なるアプローチを取りました。そもそも、時之栖という場所にウオールアートを作成する、その経済的な効果を論理的に説明せよ、といわれても厳しいものがあります。そこが非常に難しくもあり、チャレンジでした。長年働いていると、合理的に説明できないものを進められるわけがないと諦めてしまうものですよね」

佐々木氏から思わずこぼれた本音だ。実際、多くのビジネスパーソンが、「その説明の根拠は？」「事例は？」「経済的なメリットは？」など、提案することをやめたくなるような質問を浴びせられた経験を持っているのではないだろうか。

しかし、ここでミズノフットボールのプロジェクトメンバーの真価が発揮されることになる。今回このプロジェクトに関わったメンバーの多くがサッカー経験者でもあ

り、また、情熱的なメンバーが多かったそうだ。そもそもサッカーを愛していて、サッカーそのものにいまだに憧れを持っている。南米や欧州のクラブチームなどでは、アートはとても大切にされているという。このプロジェクトを通じて、なんとかミズノフットボールを圧倒的な世界的ブランドへと昇華させたい、その想いをアートという形で未来に残していきたい、なんとかそこに我々のエモーショナルな部分を込めてみたい。こういったことをメンバーがしっかりと共有し、一丸となった結果、実現にこぎつけたそうだ。

その過程では、「広告なの？」「広告と

して意味あるの？」と何度も社内外から問われたそうである。その都度「そういう話ではない！　そういう小さい話ではない！」と何度も答えたそうだ。

前述のとおり、ミズノは、機能性でシューズを語ることが多かったという。しかし、今回のプロジェクトに込めた想いは、機能性では語れないことが佐々木氏の話からもよくわかる。

「サッカーに打ち込む選手たち、それを支えるご家族、指導者、さらには、サッカーに対する本気さが集う時之栖という場所。そして、それらをすべて壊すようなコロナによる社会情勢変化。そういった事態だからこそ、サッカーに真剣に向き合うミズノフットボールのプロジェクトチームとして何らかのメッセージを伝えたい。『大丈夫。君はいま、ちゃんと未来に向かっている』」

まさに本書のメッセージである解放である。不思議なことに、アートを前に語り合うと、自身の感情や気持ちが解放され、気持ちがむき出しになった言葉が紡がれる。この体験をミズノフットボールの方々も十二分に味わうことになったと聞く。

「このプロジェクトにおける社内外への説得を通じて、自分たちが心に秘めている想いを表現することがいかに大事か、そしてそれは、結局は相手に伝わること、もっと言えば、伝わるまで徹底することなどを学びました」

その結果、この想いは、「それだったら一度チャレンジしてみよう！」という上層部からのサポートの獲得へとつながっていく。そして、佐々木氏からは、「我々の想いをウオールアートに込めることができ、我々自身も感動した」というコメントをいただいた。

ウオールアートが登場し、どんな反響があったか

「きっと将来、子どもたちにこのアートとともに時之栖を思い出してもらえるかなと思っています」

これは、どんな反響があったかについての最初の回答だ。売り上げが伸びたとか、シェアが何％上がったではなく、この言葉が最初にあったのが印象的だ。このアートの前で記念写真を撮った子どもたちもいるだろう。あるいは、ここで公式戦や練習試合を行った学校やクラブチームもあるだろう。きっと、「あのときは大変だったよね、でも、確かにここでサッカーしたよな」とか、「もしかしたら、サッカーをやる時間は

減ったかもしれないけれど、確かにここに仲間はいたよな」など、いろいろな想いがよい意味で交錯する場になるというのは間違いないだろう。

また、佐々木氏には続けて語っていただいた。

「これは統計的に把握できているわけではありませんが、指導者や保護者の方を含めて、中高生や大学生などからも、非常におもしろい取り組みだし、ミズノのサッカーにかける想いが伝わってくるようだ、という声もいただいているんです」

時を同じくして、このウオールアートの登場以降、国内シェアが圧倒的に上がっているとのことで、2021年秋~2022年にかけて高校・大学の主要大会でのシューズシェアでトップを獲得しているという。シューズを履いたプレーヤーが、また別のプレーヤーに影響を与え、というふうに連鎖していく効果も得られているとのことである。

仕事における〝解放〟の重要性

「自分たちの仕事において、まずは関わるメンバーの想いの解放がとても大事だと、再認識しています。ビジネスの世界では、何かと言うと、方法論、テンプレート、事例、根拠が大事とされます。もちろんそれは意思決定において重要な要素であり、我々も大事にしています。しかし、そこには面白みやワクワクがないことが多い。実は今、いろいろな社内資料作成においても、キーワードとして解放とよく書いているんです」

「さぁ解放しましょう」と言っても、「はいわかりました」とはならないのが、感情や気持ちのコミュニケーションだ。そこで大事になるのが、想いを引き出すための問いの投げかけや、感情を出しやすい雰囲気づくりである。いろいろな切り口、観点から、関与するメンバーの方々への投げかけ、それは質問の場合もあるし、好きなことや大切にしていることのリスト化みたいな方法が有効な場合もあるし、歴史を振り返ることかもしれない。場合によってはオフィスを飛び出して、その地へ向かうことかもしれない。人間には五感があるため、空気、風、匂い、視覚として見るものに心が動かされる。

「サッカーという競技なのに、結局、我々が求めているものは勝った・負けたではない気がします」

これは、佐々木氏の、このプロジェクトの中でのふとしたときの気づきだそうだ。

さらに、インタビューの最後にこういったコメントをいただいた。

「自分たちの想いを解放し、それをお互いにぶつけ合い、それを形にしていくプロセスの楽しさ、そして何よりもＷＯＷを味わう喜びを知れたこと、これは何物にも代え難いです」

事例②　トヨタコネクティッド株式会社様

トヨタコネクティッド株式会社は、トヨタグループの一員として、クルマ・モビリティを通した顧客へのコネクティッドサービスを開発・提供している会社である。

同社では、２０１８年の名古屋本社リニューアルに際して社史をアートで描いたことを契機に、創立20周年の節目に立ち上げた新拠点「Global Leadership Innovation Place（以下、ＧＬＩＰ）」（東京・御茶ノ水）、コネクティッドサービスを提供するコールセンターの沖縄と山形の拠点など各拠点・オフィスに様々な形でアートを取り入れている。

今回は、特にアートを多く取り入れているＧＬＩＰを中心に、同社がなぜアートを取り入れたのか、そこにどのような想いがあったのか、実際にどのような効果があったのか、本取り組みをリードされてきた人事総務部で室長の林万由弓氏にお話を伺った。

「想いを伝え、社員が感じられるオフィス」を創りたい

「グローバルに人が集い、デジタルリーダーとしてイノベーションを推進すること」を目的に設立されたGLIPの社屋として選ばれた場所は、築57年の旧トヨタ寮、古くは中央大学の学生会館だった建物だ。

「当初はフルリノベーションを予定していましたが、現場視察をした際に、建物内の壁に学生運動時代の落書きを発見しました。この落書きが描かれた時の熱量は計り知れないが、この建物から溢れるエネルギーに感銘を受け、『この建物のポテンシャルを生かしたい！』と直感的に思いました」と林氏は語った。

1. Co-creation、2. KAIZEN、3. Globalization、4. Diversity、5. Visualization、6.SDGs の六つをオフィスデザインテーマとして定め、トヨタコネクティッドの社員として重要な思想や行動を伝え、それを感じられるオフィスを創りた

いと考えたそうだ。
　実際、築57年の建物の原形は保ちながらも、エントランス・執務エリア・会議室などオフィスの至る所に様々な思想や志が込められたアートが描かれており、一般的な〝きれいなオフィス〟とは一線を画した、魅力的な〝異空間〟が創られている。
　同社は、現トヨタ自動車代表取締役会長・豊田章男氏が当時課長として販売店にＴＰＳ（トヨタ生産方式）に基づいた物流改善を行うところに端を発した会社であり、現在はコネクティッド事業、ディーラーインテグレーション事業、デジタルマーケティング事業、ＭａａＳ事業を中核とするモビリティカンパニー。

その中で一貫してこだわってきた考え方こそが、企業理念「限りなくカスタマーインへの挑戦」である。

執務エリアのスライディングウォールに描かれたトヨタグループのルーツとなる自動織機と、トヨタ自動車初の乗用車であるＡＡ型は、トヨタ自動車創業者・豊田喜一郎氏がお客様の要望に応えるために挑戦し、苦悩しながらも自動車にたどり着く姿を表しており、「限りなくカスタマーインへの挑戦」の原点そのものである。

また、オフィス内に設置された四つの会議室には、車の一般的な外観の描写ではなく、お客様の景色であるコックピットからの景色が描かれており、「お客様の視点を忘れてはならない」ことを表現している。

執務エリアへの動線となる階段・廊下では、トヨタグループの創始者・豊田佐吉氏、豊田喜一郎氏の「日本をよくする。そのために挑戦する」という意思・ＤＮＡをつなぎ、継承する姿を表すアートが描かれている。

「ただ単純にデザインがよいからではなく、すべてにおいて、なぜ

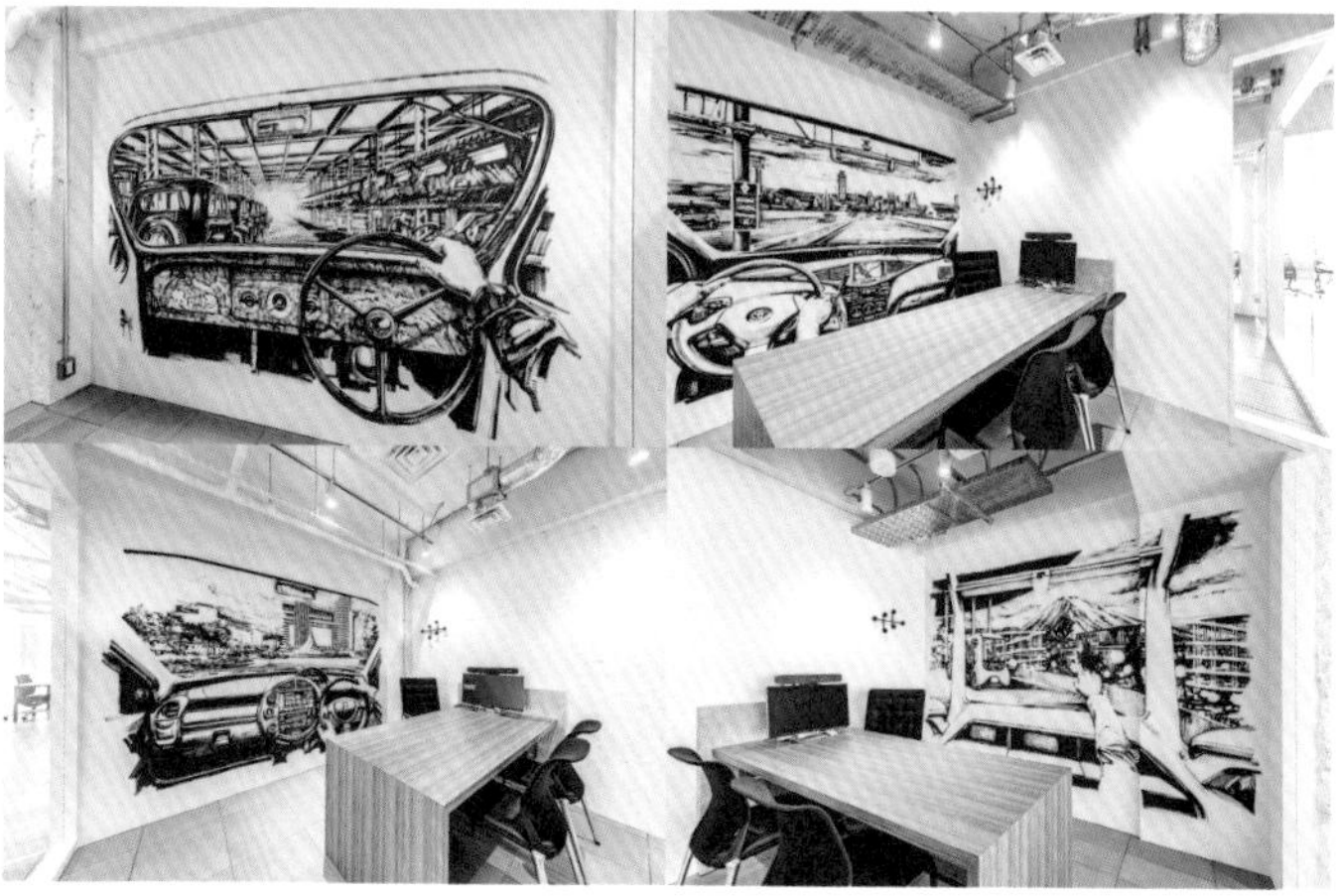

これをしたのか、なぜこれに決めたのか、という想いを込めたかった」と林氏は語る。

実際、オフィスを案内していただいた際にも、林氏の言葉には一つひとつのアートをはじめとするファシリティに対する明確な意図や狙いが込められており、かつそのメッセージが一貫していると感じた。

ＧＬＩＰはその全身を使って、トヨタグループのルーツ、先人たちの想い、思想や行動を社員一人ひとりに訴えかけているのである。

想いをくみ取り表現するアート

オーバーオールズとの出会いは、名古屋本社のリニューアルの時だ。同社の想いを体現して伝えられる・感じられるオフィスにしたいと考えた中で、それを実現するイメージが最も湧いたのが、オーバーオールズだったという。

「オーバーオールズは、我々のオフィスデザインポリシーと想いをくみ取り、解釈し、それを見事に表現していただいたと思います」（林氏）。

沖縄のコールセンターにアートを描く当日、オーバーオールズのアーティスト・山本勇気は、同社にお願いをして拠点に在籍する複数のオペレーターの話を聞いた。クレーム対応などで大変な想いをしているのだろうと想像しながらインタビューに臨んだが、オペレーターは自身の仕事を「困っているお客様をサポートして喜んでもらう仕事だ」と答えてくれたそうだ。

それを聞いた山本が最後に描いたのは、オペレーターの笑顔。山本は、見えたものや事実を写生したのではなく、彼ら・彼女らの想いをくみ取り、山本の解釈でアートに表現したのだ。これは、事実・瞬間を切り取る写真では決して表せないものだ。

名古屋本社に描かれた社史にしてもそうだ。社員が会社からの帰路で立ち寄ったコンビニでe－Towerを目にして、気持ちを奮い立たせたときの想いを描写している。単にe－Towerの実物が置かれているだけでは、受け手がその想いをくみ取ることはできない。アートには、様々な想いやストーリーをくみ取り、表現する力があるのだ。

画像

110

アートのある空間が社員の意識・行動を変化させる

コールセンターのアート完成は、そこで働く多くの社員のモチベーション向上に大きく貢献したという。他拠点と物理的な距離は離れているが、このアートの取り組みが、同じトヨタコネクティッドの一員として働いているという帰属意識・一体感を高めるきっかけとなったのである。

最も多くのアートが取り入れられているＧＬＩＰでは、同社の中で群を抜いてエンゲージメントスコアが高い結果となった。オフィスに対する満足度も「不満足」と回答した社員はほぼおらず、フリーコメントには自由や自律というキーワードが最も多く並ぶ。それだけではない。３カ年計画の協議では「うちらしいことをしよう」という考えが一人ひとりに徹底されており、来訪者がいれば、社員を選ばず「アート」とそこに込められた想いを自分の言葉で語ることができる。「外部の方から『これは何？』と聞かれれば、答えざるを得ない」と林氏は笑うが、これはアートを導入する最も大きな効果の一つだともいえるだろう。

今では、ＧＬＩＰのオフィスを見学して、「ここで働きたい！」と感じて入社した社員も少なくないという。こうした環境は、単に声がけの徹底をするのではなく、そう仕向けるための環境と仕掛けをいかに用意するかが重要だ。

「〝フリーアドレスなので自由に座ってください〟と声がけをしても、なかなか意図した通りにはなりません。ところが、可動式のファシリティや自由なスペースを用意すれば、社員は勝手にフリーアドレスになります。オフィスがカッコよくなると、不思議とそこに集まる社員の服装までも、オフィスの雰囲気に合わせてお洒落になりました。オフィス環境に合わせて社員の意識が自然と変わっていきました」

ＧＬＩＰにおけるこの圧倒的な成果は、いまや同社の中で一目置かれる存在ともなっており、全社へのコーポレートアイデンティティーの浸透を加速させる起爆剤として、本社から注目を浴びている。

失敗を気にしていては、何も挑戦できない

アートの導入は、林氏とその上司にあたる常務取締役・伊藤誠氏の二人で進めたと

いう。林氏は次のように明かしてくれた。

「アートの導入を正面から提案しても、経営層からの理解は得られないと思いました。経営層から期待効果を問われたところで、誰もやったことがなく、効果もわからない。ならば、(予算の範囲内で) 自由にやってしまおう、という気持ちで前に進めました」

それほどまでに、林氏はアートの持つ可能性を感じていたのだ。

その効果は絶大だった。圧倒的な結果が出れば、誰も文句を言わない。群を抜いて社員満足度が高い結果ともなれば、周囲は認めざるを得ないのだ。また、外部の方から「GLIPっていいよね」という評価を複数受けたことも、社内に良い影響を与えたという。

「だめだといわれれば、やり直せばよい。それくらいの覚悟でやらなければ、新しいことはできません。創業者もきっとそういう気持ちだったと思います」

林氏はそう語る。こうした結果は、伊藤氏と林氏の熱意と努力の賜物だろう。取り組むリーダー、旗振り役が強い想いと覚悟を持ち、失敗を恐れず挑戦をしたからこそ、生まれた成果である。

まだまだ道半ば、「永遠に未完成」

素晴らしい成果を上げているＧＬＩＰだが、林氏は現状に満足していない。現在、ＧＬＩＰは入社三年未満の社員が全体の八割を占めており、「らしさ」やイズムを明文化し、コーポレートアイデンティティーを浸透させていくことが依然として課題だという。

「一回伝えたら、何かをやったら、それで終わりということにはなりません。社長が創業時の話を繰り返し社員に伝えている姿を見て、伝え続けていくことの重要性を再認識しています」

伝え続けていく際にも、単に同じことを同じ方法で伝えていくのではなく、ワクワクしながら手を変え、品を変え、伝え続けていくことが重要であり、その点においても、アートは重要な役目を果たすはずだ。実際、ＧＬＩＰでは今もなお、アートをはじめとした仕掛けが次々と生み出されている。そしてその一つひとつにメッセージと意味があり、それらはストーリーでつながっている。

オフィスは永遠に未完成であり、「トヨタコネクティッドの一体感を共通のものにしていく」という目標に対しても、まだまだ道半ばだという。ＧＬＩＰをさらに進化させていくことはもちろんのこと、本社・海外を含む他拠点にもこのムーブメントを波及させていく予定だ。

最後に、林氏は語ってくれた。

「ここにあるアートはほぼ白黒で描かれています。なぜなら、それは過去を描いているから。そして先日初めて、我々の未来を表現する色鮮やかなアートを描きました。これからは、色鮮やかなアートがどんどん増えていくはずです」

魂と想いの宿ったアートがトヨタコネクティッドの組織と人を彩り、進化し続ける姿から、これからも目が離せない。

事例②の写真提供：奥田晃介

事例③ 住友ファーマ株式会社様

最後に、行動指針の浸透・実践を加速させるためにアートを取り入れた住友ファーマ株式会社（以下、SMP社）の事例を紹介する。

同社は、中期経営計画2022（以下、中計）の中で、「世の中の変化を捉えて自らを柔軟に変化させながらイノベーションを継続的に創出し、その成果を人々に確実に届けるという目的のもと、『ちゃんとやりきる力』を浸透させて柔軟で効率的な組織基盤を構築すること」を掲げた。その実現のため、従業員一人ひとりが、より高みを目指して挑戦し続ける、プロフェッショナルとして一致団結してやりきることを「CHANTO」と定義し、その浸透活動に取り組んでいた。

CHANTOという言葉は、多くの従業員に広く認知される一方で、その解釈や実践という点では、部門や個人によってばらつきがあり、すべての従業員が自分ごととして取り組むうえでも課題があった。このような状況を受けて、2019年、CHANTOを真に浸透させるための「プロジェクトCHANTO」が始動されたのである。

同社は、このプロジェクトの中でアートを取り入れ、そのアートが結果としてCHANTOの五つの行動指針の策定と浸透において大きな役割を果たすことになった。その過程をプロジェクトメンバーの原田美和子氏、丸山潤美氏、郡真二郎氏とともに振り返りながら、アートがもたらした効能について考察を行っていきたい。

ステップ1 ● アートを用いた議論

アートがあるからこそ、思ったことを〝より率直に〟〝そのままに〟

CHANTOを浸透させるためには、あらためて「CHANTOとは何か」を具体的な行動レベルで定義し、従業員間で共通認識を持つ必要があった。そこで、執行役員を中心としたワークショップを複数回開催し、「CHANTOを通じて目指したい姿」や「CHANTOとは何を考え、行動することなのか」について議論を重ねた。

ワークショップでは、参加した役員一人ひとりが自らの考えを積極的に述べ、様々なアイデアが挙がった。活発な発言は議論に一定の進展をもたらした一方で、概念自体が抽象的であるが故に、否定や意見の相違が生まれにくい一面もあった。例えば、「挑戦は重要だ」との意見に否定的な声は上がりにくい、といった具合だ。

おそらく、「そのままCHANTOの定義をすることもできたと思うが、それでは本来の目的だった解釈のばらつき解消や自分ごと化を達成しきれない」。そうプロジェクトメンバーは考えた。

実はこうした事象は、同社に限って起きる話ではない。実際には一人ひとりが異なるイメージや概念を持っていたとしても、抽象度の高いキーワードや言葉が先行して、〝なんとなく合意する〟〝いま合意できているなら、それ以上踏み込まないでよい〟といった感情が意識的・無意識的に湧きやすくなるものなのだ。

そういった状況を打破したのが、アートである。原田氏は「他者の意見に微妙な違いを伝えるのは難しくても、絵に対して自分の想いを表現することはできます。絵が媒介になってくれることで、結果的に建設的な議論につながりました」と語った。

相手の意見に対して自分の考えとの違いを伝える手段として、絵に対して自分が思ったことを述べているという構図が、相互理解を促し、心理的安全性を担保しつつ、率直な意見を活発に交わし合える環境を醸成しているといえる。

アートがあるからこそ、見えてきた世界

議論の活性化を促したアートは、さらに異なる効果をもたらすことになる。

「実際に役員の方々と絵を見ながら議論をしてみると、各々が重視しているものがあらためて共通であることがわかったし、逆にバラバラに捉えている細かいところまで見えてきました。アートというビジュアル化されたものを用いることによって、これまで言語化されていなかった部分が引き出されていく面白さを感じ、感激したのを覚えています」。丸山氏はそう語った。

実際、ビジネスの現場では、各々が考えていることや日々取り組んでいることの可視化・言語化がされないまま、なんとなく進んでしまうことも多いのではないか。分業化が進んでいる昨今ではなおさらだろう。

日常業務の多くの場面では問題が起きていない（ように見えた）としても、何かの判断が求められる場面、意見をぶつけ合う場面においては、なんとなくによって生まれる微妙な差異、すなわち正しく言語化すると明らかになる大きな差異が、チームと

しての推進力に大きな影響を与えてしまう。

だからこそ、それぞれの会社に対する考えや想いを議論し、最終的に全員の総論としての共通の何か（行動指針など）を可視化・言語化していく営みが重要なのである。

ビジネスの世界でその何かを可視化・言語化する手段といえば「言葉・文章」だったわけだが、わずか1～2行の言葉を定めるだけなのに、何時間も、何日も、何カ月もかかってしまった経験はないだろうか。また、せっかく定めても、「解釈がずれる」「浸透しない」という経験はないだろうか。我々はこのような状況の打破に対しても、アートがもたらす価値をSMP社の事例とともに強く訴求したい。

文章は、一般的に一意に定義された言葉を組み合わせることでしか表現できないため、表現の幅が限られる。それゆえ、どんなに言葉を尽くしても、全員の想いを100％反映することが難しいのだと推察する。

SMP社の郡氏は、「議論した内容を議事録やパワーポイントだけでまとめると無機質になってしまう部分がありますが、絵があることによって、言葉では表しきれない行間をイメージしやすくなりました」と語る。

言葉のように解釈が決められていない、ある種自由に解釈できる絵だからこそ、言葉だけでは表現しきれない行間やニュアンスを表現することができ、皆がイメージし

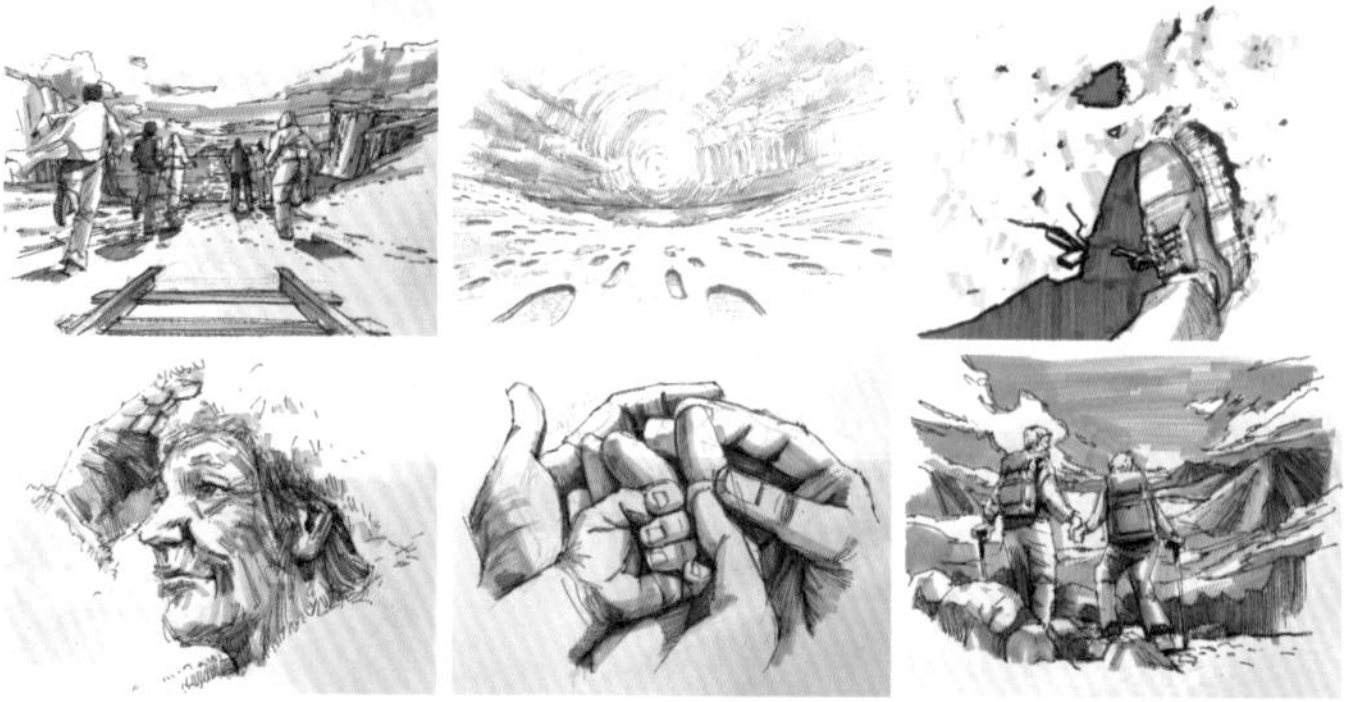

議論のために提示した当初案

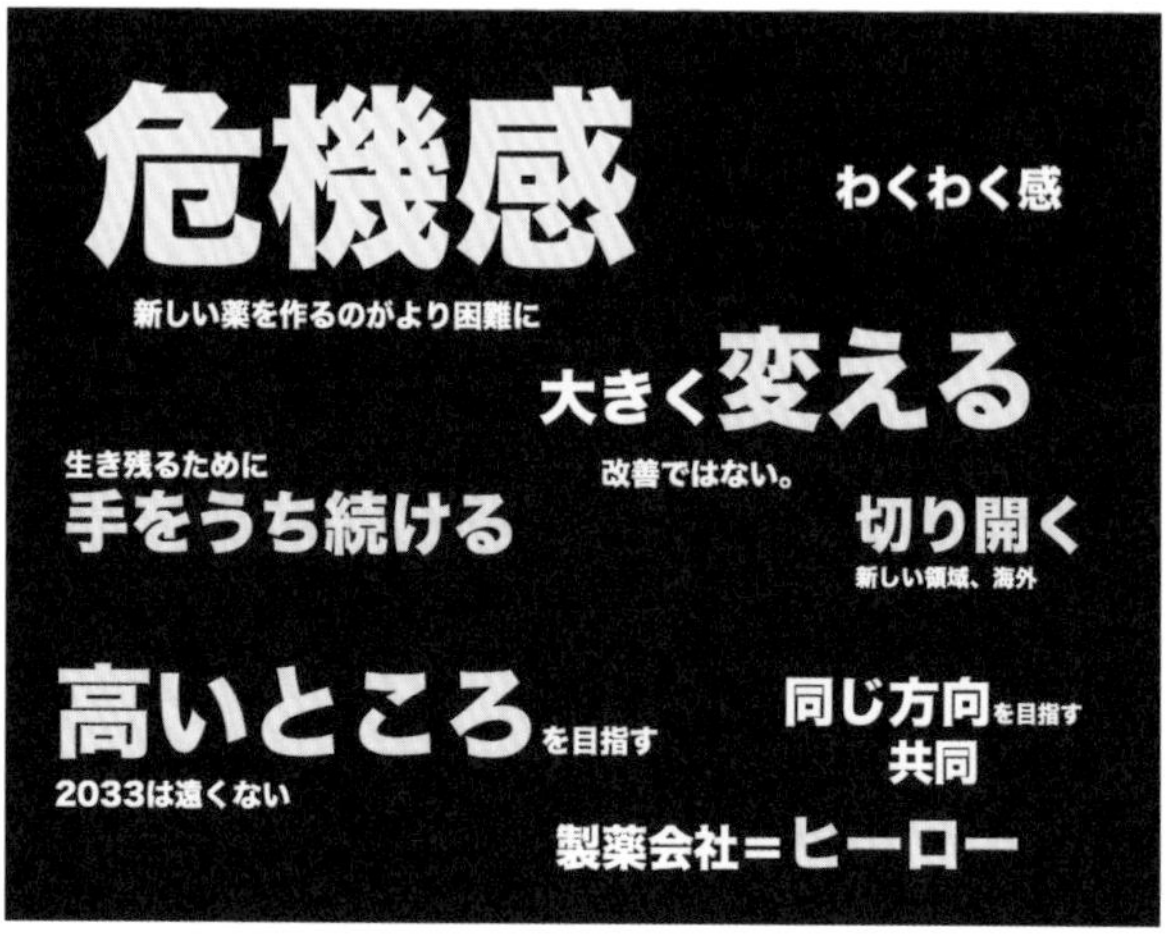

絵をベースに出てきた言葉

ていることにより近い何かを生み出すことができるのだ。

また、原田氏も言葉に頼りすぎてしまうことの影響を次のように語った。

「言葉を起点に考えたり議論したりすると、いい言葉を探すことに一生懸命になり、本当に伝えたいことから意識がそれてしまったことがあります。しかし、今回は絵があることによってＣＨＡＮＴＯの本質的な部分を議論できました」

誰もが一度は自分の想いや考えを表現するための言葉を探すことに時間を費やしてしまった（＝手段が目的化してしまう）経験があるだろう。そのうえ、時間を費やしていい言葉を見つけた時に限って、意図していたことが相手に伝わらなかったという本末転倒なこともあるだろう。

実は、自身の自由な発想や率直な考えを無理に言葉の定義に当てはめて表現しようとする行為こそが、本質から外れているといえるのではないか。自身の自由な発想や考えを型にはめることなく、そのまま表現できることこそがアートの強みだろう。

ステップ2 ● 最終的な意思決定

アートさえあればよいわけでもない。言葉とアートを組み合わせてこそ

ＣＨＡＮＴＯを表すアートは、「船の絵」と「山の絵」の二つが最終候補として残った。一時は「船の絵」が多勢派になる状況もあったが、最終的には「山の絵」が採用されることとなった。

終始一貫して「山の絵」を支持していた丸山氏は当時の様子を次のように振り返る。

「〈船の絵〉と〈山の絵〉の一番の違いは、登場人物の数です。〈船の絵〉は登場人物が多く、様々な役割を担っている人々が会社という船を中心に皆で進んでいる様子など、すべてのことが一枚に込められた絵です。〈船の絵〉が多勢派だった時は、すべての情報が詰め込まれ、漏れがないような絵に多くの支持が集まるところにＳＭＰ社らしい発想が表れていると感じました」

さらに丸山氏は、「議論の過程で、〈船の絵〉は、〝誰かがやっているから自分はやら

なくてもよい〟と捉えられてしまわないか。個の力を強調するなら〈山の絵〉かもしれないが、〈山の絵〉は〝誰も助けてくれない〟ように見えてしまわないか。そういった活発な議論がなされました。結局突き詰めて考えてみると、絵の中にすべてを詰め込む必要はないし、込めた想いは言葉で補えばよい、という結論に至り、〈山の絵〉が選ばれました」と振り返って語った。

アートの良さは自由な発想や考えをそのまま表現できるところだが、裏を返せば、表現しようとすればどこまでも際限なく要素を盛り込めてしまう、表現できてしまうのもアートなのだ。だからこそ、今回ＳＭＰ社が決断したように、「何をどこまで絵で表現すべきか」を線引きすることも併せて重要だ。

同社の完成されたＣＨＡＮＴＯは、まさに〝アートですべてを表現しきるのではなく、言葉＋アートの組み合わせですべてを表現しよう〟としているところがポイントだろう。

丸山氏は「言葉は全社一律に同じものを浸透させるという意味で力のある伝え方だと思いますが、それを日頃の業務に落とし込むなど、解釈・自分ごと化する際には何かしらの余白が生じます。一方で、絵の場合はすでに余白がある状態なので、自分ならではの考えを巡らせやすい良さがあります。そういう意味で、言葉にも絵にも両方

船の絵と山の絵

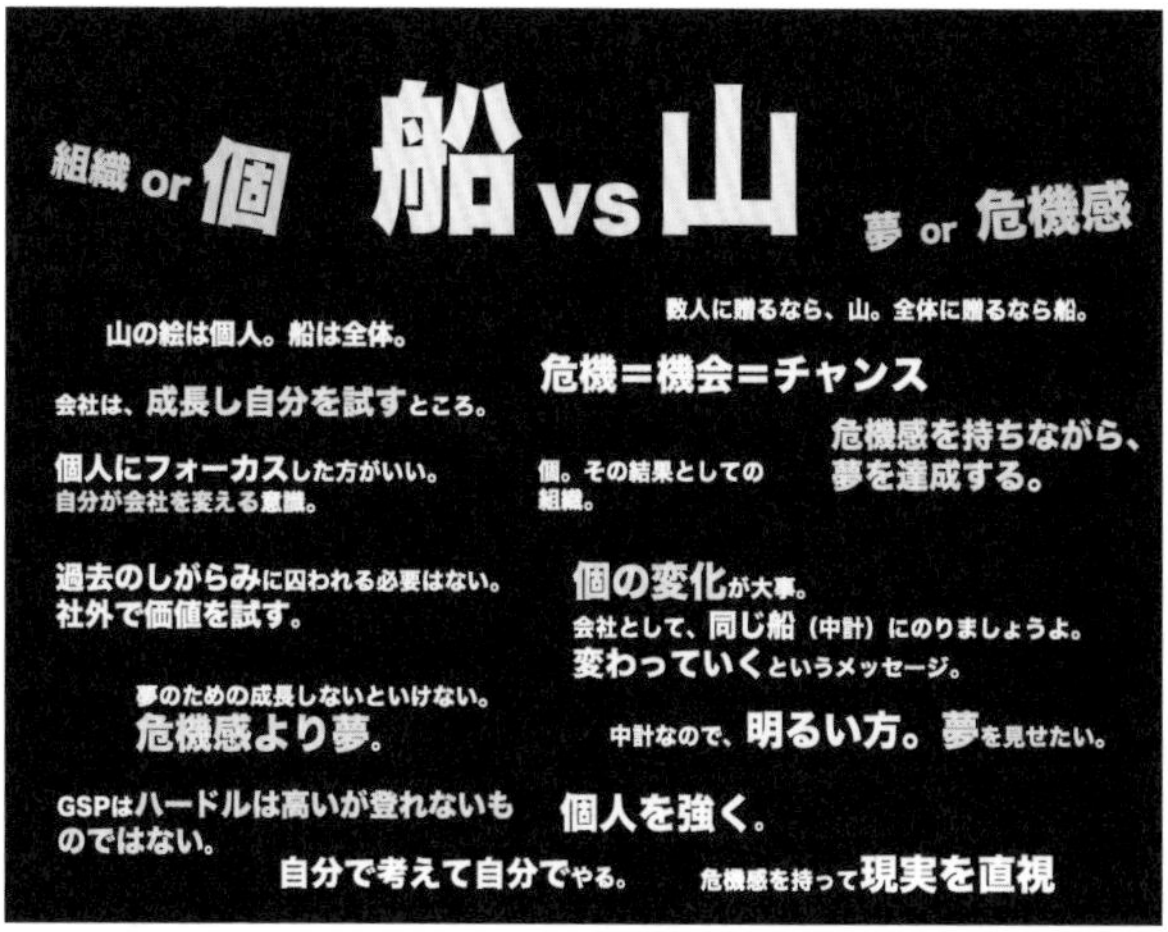
組織 or 個
船 vs 山
夢 or 危機感
山の絵は個人。船は全体。
数人に贈るなら、山。全体に贈るなら船。
危機＝機会＝チャンス
会社は、成長し自分を試すところ。
危機感を持ちながら、
夢を達成する。
個人にフォーカスした方がいい。
自分が会社を変える意識。
個。その結果としての
組織。
過去のしがらみに囚われる必要はない。
社外で価値を試す。
個の変化が大事。
会社として、同じ船（中計）にのりましょうよ。
変わっていくというメッセージ。
夢のための成長しないといけない。
危機感より夢。
中計なので、明るい方。夢を見せたい。
GSPはハードルは高いが登れないも
のではない。
個人を強く。
自分で考えて自分でやる。
危機感を持って現実を直視

船の絵と山の絵の議論

それぞれに得意分野があるのだと思いました」と語ってくれた。

原田氏も、「ＣＨＡＮＴＯの五つの行動指針は文章で書いていますが、読む人によってそれらの捉えられ方が違うと困ります。もちろん、職場や自身の業務ごとに解釈の仕方は違うかもしれないが、会社からのメッセージとしては同じベクトルを持っていてほしい。だからこそ、今回は文章に加えて絵があることにより、自身で感じる・考えることが促されたのは、絵ならではのよさと感じました」。

郡氏も、「まさに、絵を見ながら一つの答えに縛られずに、自分たちが絵を見てどう感じるかというのを考えられたのはよかったですね」と、言葉だけでなくアートも同時に取り入れたことでよい方向に働いたとあらためて振り返った。

言葉とアートのどちらにもよさがあり、同時に補うべき部分もある。だからこそ、双方を組み合わせて使っていくことで、それらの力を最大限に引き出せるということではないだろうか。

5つの行動指針

1. 目的志向を持ち自分事として考えやりきる
2. 勇気を持って挑戦する
3. 自律・自立して個の力を発揮する
4. 互いを尊重し仲間と協働する
5. 真面目さ・誠実さを持ち続ける

CHANTO
一人ひとりの挑戦なしでは
生き残れない時代

アンカーを打ち込み
自らの道を切り拓くのだ

支えあい、励ましあい、
ともに頂を目指す

全員主役、全員脇役

自分の力で登りきる
描く将来を実現するために

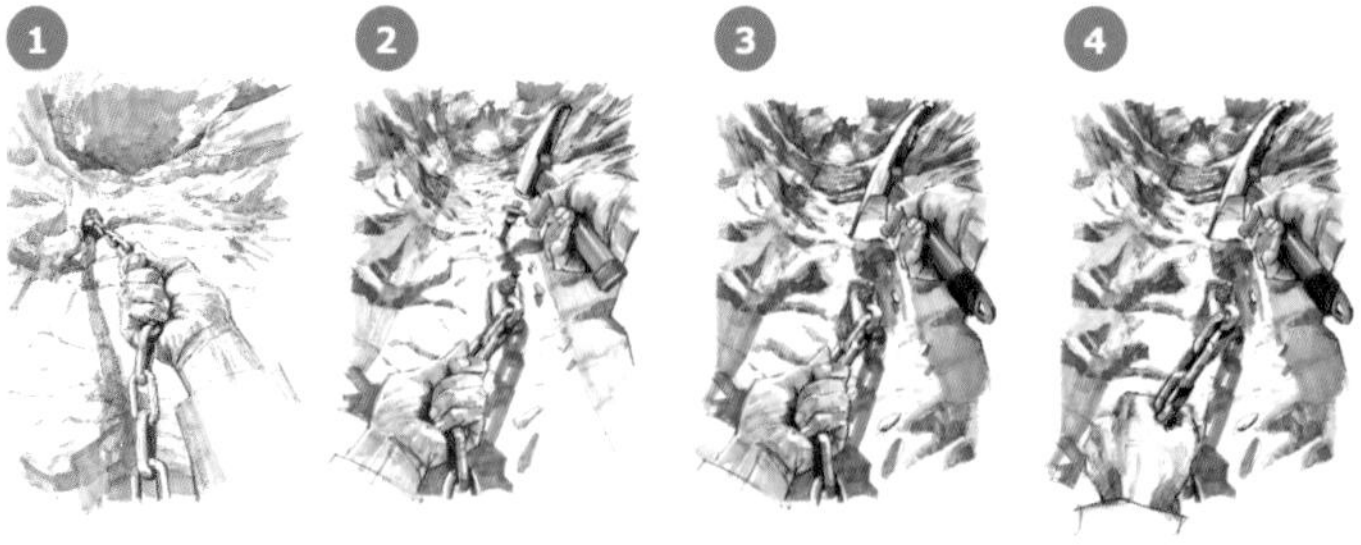
ぶら下がっているように見えるのは違う。
もっと、登る感じが欲しい。
星はこんなに明確じゃないが、先には少し緑が見えているような。
ハンマーより前に雪をくだくピッケルの方がいい。
左手の握り方はもっと強く握っている感じにしたい。
これだ！

山の絵の検討プロセス

変わらねばならない時だからこそ、〝らしくない〟選択を

他方、〈船の絵〉を支持していた郡氏は当時の意思決定について次のように振り返る。

「当社のカラーであれば、〈船の絵〉が選ばれていたと思いますが、CHANTOの解釈の一要素である〝健全な危機感を持って挑戦しなければならない〟ということ、〝誰かが〟ではなく〝あなた自身〟が五つの行動指針を体現しなければならないということから、〈山の絵〉が選ばれました」

また、完成した〈山の絵〉を見た従業員からも、「〝自分が何とかしなければいけないと思った〟〝うちの会社がこのような絵を作るのかと意外性を感じた〟という声を多く受け

ました」と原田氏。絵を作る側だった郡氏も、絵を受け取る側だった従業員もSMP社〝らしくない〟絵である認識を持っている点が大変興味深い。

いつもと違う選択にはものすごい体力や気力が必要になる。周囲からの反対にも動じずに進んでいく推進力も必要になるだろう。そんな中でも今までの自分たち〝らしくない〟選択に踏み切れたのは、直感と感性に訴える絵を前に、自由に、素直に想いをぶつけ合い、SMP社にとって「真に必要なこと」を妥協せずに議論することができたからではないだろうか。

ステップ3 ● アートを用いた浸透への取り組み

CHANTOがより〝身近に〟〝自分ごとに〟

様々な議論を経て〈山の絵〉を採用し、その絵を用いてCHANTOの浸透を促進していくこととなったSMP社だが、原田氏は実際にアートを取り入れる前と後で社内の反応が変わったことを実感したという。

「文章だけでCHANTOの五つの行動指針を出していたら、〝これは決まったこと

バーチャル背景

だから〟と、異論を唱える人や意見を言う人はいなかっただろうが、絵が加わったことで、絵の細かい表現に対するコメントから絵に込められた意図の質問まで様々なレスポンスを得られました」

また、「これまでも理念カードなどの配布はしていましたが、絵が加わったことで注目度が増した感覚があります。CHANTOは前の中計から出てきた言葉で、従業員にもなじみはあったはずですが、絵を作ってバーチャル背景などにも取り込んだことで、より注目が集まり、反響もありました。社長自身も、CHANTOについて話をする際に絵の話を取り入れており、浸透活動において絵が大きな役割を果たしています」という。

特に、バーチャル背景への取り込みは、従業員のCHANTOへの理解・自分ごと化を前進させるうえで大きかったと郡氏は語る。「例えば、MR（医薬情報担当者）であればドクターと面談をする時に、絵について尋ねられる場面が増えました。そういった場面できちんと答えられるように、一人ひとりが意識的に自分なりの解を持ち準備をしています」という。

さらには、外注している受付の方も来客から絵について質問された際に答えられるよう準備をしているそうだ。言葉だけで表現されているものを説明するようにいわれたら、少し言葉を補いつつ、同じような言葉をただ並べるだけでも説明はできてしまうかもしれないが、アートの説明はそうはいかない。どのような意図で作られたのかというアートへの理解と、自分はどのように捉えるかという落とし込み（＝自分ごと化）ができていないと、他者に説明できないだろう。

郡氏は、アート導入後の変化を踏まえ、「理念に込められた想

受付に掲げられた作品（旧社屋）

いなどは、絵があった方が表現しやすく、最近変更された理念や新たに作られたバリューの浸透に向けても絵を活用できたらいいですね」「今回の中計も絵があったらよかったかもしれません」と前向きな想いを語る。

丸山氏も「コロナ禍と重なって、絵の現物を従業員に見てもらえる機会があまりなかったのも事実なので、これから従業員の目に触れるための工夫を検討していきたい」と、今後の浸透促進に向けて意欲的な想いを語っていただいた。

日本を越えてCHANTOを世界に

まずは日本での浸透を直近の目標に立ち上げた「プロジェクトＣＨＡＮＴＯ」だったが、今後は海外のグループ会社にもＣＨＡＮＴＯを本格的に浸透させていきたいと原田氏は語る。

「アートという言語によらない表現を用いているからこそ、言語の違う海外のグループ会社に展開し、我々がどういった想いで作ったのかを共有しつつ、彼らが何を感じるかを聞いてみたい。各社でプロジェクトＣＨＡＮＴＯに取り組んでいただく中での議論に活用してほしい」

一方、海外での浸透に向け動き出している中で、言語以外に考慮すべき要素も見えてきたという。各社のコミュニケーション担当者に紹介した際に、コンセプト自体には共感を得られるものの、アートに用いられた一部の表現に、文化的背景の違いなどから違和感を覚える受け手も少なからずいるということだった。日本で作ったものをそのまま使って浸透を進めていくには一部課題はあるが、そういった中でも「ＣＨＡＮＴＯのエッセンスは残しつつ、少しでも引っ掛かりがある部分については配慮をしたアップデートをしたうえで、グローバルにおける浸透にもアートを活用していきたい」と丸山氏。

今後の取り組みがどのように進んでいくのかも楽しみである。

ＳＭＰ社へのインタビューを通じてアートがもたらす効能を探索してきたが、アートが秘める可能性を少しでも感じていただけただろうか。

今回ご紹介した内容はアートが秘める可能性の一部だが、今回の紹介を通じて少しでもアートの可能性に興味を持ち、取り組んでみようと思う方が増えてくれたら大変うれしく思う。

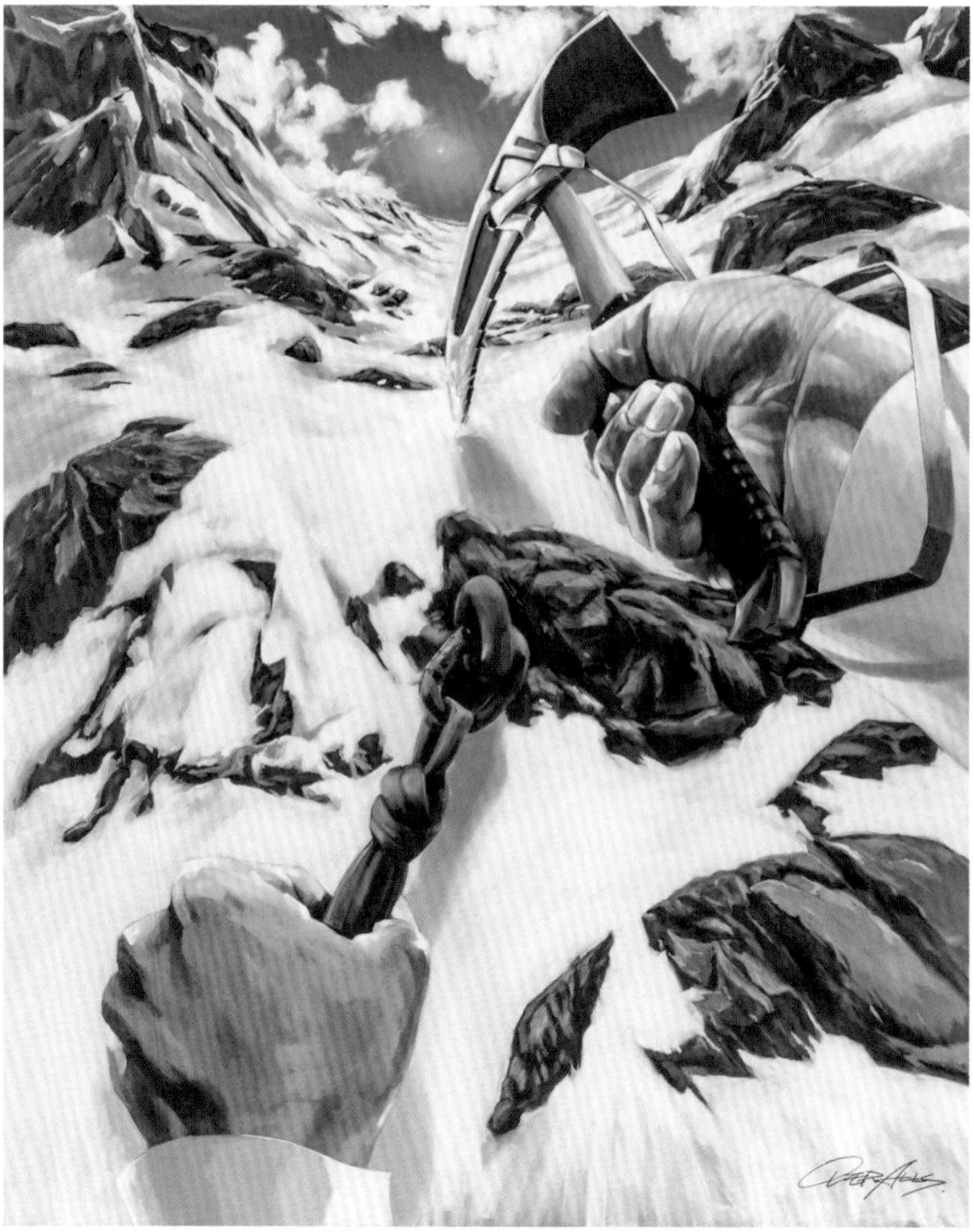

大阪本社に掲げられている現在のキービジュアル（2022 年）

＊本章は次の方々にお話をうかがいました。取材にご協力いただきありがとうございます。
＊所属部署・役職名は取材時のものです。

事例①
ミズノ株式会社
アスレティック事業部　コンペティションスポーツマーケティング部
次長
佐々木孝裕氏

事例②
トヨタコネクティッド株式会社
人事総務部 企画総括室
室長
林 万由弓氏

事例③
大日本住友製薬株式会社（現・住友ファーマ株式会社）
コーポレートコミュニケーション部長
原田美和子氏

大日本住友製薬株式会社（現・住友ファーマ株式会社）
コーポレートコミュニケーション部　ＣＳＲグループ
主席部員
郡 真二郎氏

大日本住友製薬株式会社（現・住友ファーマ株式会社）
コーポレートコミュニケーション部
グローバルヘルス・ＣＳＲオフィサー
丸山潤美氏

第4章

アートを体感する

「どう感じるか」を疑似体験する

第4章では、ビジネスにアートを取り入れる過程を、部分的にではあるが疑似体験していただきたい。

実際のプロジェクトでは、クライアント企業に勤務されている社員の方々へインタビューを実施し、その内容を基にオーバーオールズが複数枚のドラフトアートを用意する。それらの絵を見ながら、プロジェクトメンバーで意見や感想を出し合い、「ここの要素・雰囲気は残したい」「この登場人物・表現・色使いは違和感がある」といった議論を行う。

議論内容を踏まえて、オーバーオールズにて再度ドラフトアートを修正・作成し、それらを基に再び議論する、といったプロセスを繰り返しながら、最終的に一枚の絵を完成させるのである。

本章では、実例を基にして、ケースごとに前提となるシチュエーションを記載している。それらの状況において、読者の皆様も「自分だったらどう感じるか」を想像してほしい。それぞれの絵に対して、どのような感想を抱くのか。各ケースにおいて、選択肢の中から一枚を選ぶとすれば、どの絵を選ぶのか。あるいは、どれもピンとこないのであれば、それでも構わない。

それぞれの絵を見て何を感じたのか、どこがいいと思ったのか、どこが気に入らないと思ったのかについて、ワークシートにメモをした後に、実際の意見交換の場面をご覧いただきたい。それでは早速CASE1を始めよう。

CASE1 中長期ビジョンを部門に浸透させる

シチュエーション

A社は、クライアント企業に対して様々なサービスを提供している企業である。あなたはA社の中で、人材に関連するサービス（採用や教育、組織設計や人事制度策定、人事システムの導入など）を主として担う部門に所属している。

A社では、会社として策定したコーポレートスローガンを従業員にとってより肌触りのよいものとするため、各部門で自部門ならではの「アート」として落とし込むプロジェクトが組成された。あなたは、そのプロジェクトメンバーの一員に選ばれ、これから他のメンバーとともに当部門のアートを作り上げていくことが求められている。

A社が発信しているコーポレートスローガンは、次の通りである。

常に新しい行き先を問い続ける、
人と、企業と、社会とともに。
日本から、よりよい明日を創るために。
明日への道をともに拓く。

補足すると、Ａ社は「クライアントとともに歩みながら、よりよい日本の未来を創り上げていきたい」ということを大事にしており、その想いをコーポレートスローガンとして表現している。

ステップ1 ● ドラフトアートの提示

プロジェクトメンバーからのヒアリングを経て、オーバーオールズからは次の4枚のドラフトアートが提示された。それぞれの絵について、オーバーオールズとしてのコンセプトも記載しているので併せて確認してほしい。

次に、自分が選ぶとしたらどれがよいのか、それ以外の絵は何がよくないのか、選んだ絵について、もっとこうしたいと感じたポイントはどこかなど、思いついたことや感じたことを自由にワークシートにメモしてもらいたい。

タイトル「瞳」

選択肢①

人材ビジネスとは、それすなわち人を見ること。さらに、なるべくフラットな目線で見ること。そして向き合い、決して目をそらさないこと。一人の人間として向き合うこと。
その姿勢が明日への道へとつながっていく。その原点ともいえる姿勢を表現するために、目の中にクライアントが映り込んでいるまっすぐな瞳を描いた。

worksheet

タイトル「風船」

選択肢②

人材に関わるビジネスは、合理性で答えが出せない場面も多い。そんな中で「問い続ける新しい行き先」とはどこか。それは、働く人が楽しい・ワクワクすると感じられる未来だ。その矜持を示すために、ワクワクの象徴かつ目印となる風船が高く掲げられている様子を描いた。

worksheet

タイトル「グレートリセット」

選択肢③

今までの絵と異なり、広く高く俯瞰的な視点で描いた作品。「日本から、よりよい明日を創るために」の「よりよい明日」という言葉に着目すると、人材の世界でもグレートリセットと呼ばれるような価値転換が行われている。働き方だけでなく、働く意味もやりがいも世代間で大きく変化している。「今までの手法は通じないんだ！」ということを社内に向けてあらためて宣言するとともに、新しい手法で切り拓いた先にはきっと青々とした幸せな未来が待っている、ということを表現する絵にした。

worksheet

タイトル「子ども」

選択肢④

「明日への道をともに拓く」における、「ともに」に込められた相手との距離感を意識した。人材サービス分野で道を切り拓く以上は、自分たちの組織も魅力的で「こっちにおいでよ」と声をかけられるような立場にないといけない。魅力的な組織を想像した時に、もっと純粋で素直で自由な気持ちを大事にしてもいいのでは、という想いを込めて子どもが手招きしている姿を描いた。

worksheet

さて、感覚的あるいは論理的に、「自分だったらこの絵を選ぶ」を決められただろうか。

では次に、本プロジェクトにおいて実際に交わされた議論の内容を一部紹介する。同じ絵を見ても、受け取る印象や着目するポイントが人によって大きく異なることを実感いただくとともに、他者の意見を知ることで新たな気づきがあればなによりである。

選択肢①「瞳」の絵に関して

Aさん　目にフォーカスされているところから、人をちゃんと見ている印象を受けた。

Bさん　見ている対象は、一緒に働くメンバーなのか、クライアントなのか、あるいはエンドユーザーなのか？　解釈の余地を残しているのがいい。

Cさん　クライアントと向き合っている感じがない。クライアントを連想させる要素をもう少し表現できると、より自分たちの部門らしくなるのではないか。

Dさん　この瞳の持ち主に性別を感じない。女性にも見えるし、男性にも見える。ダイバーシティーがキーワードになるかも。

選択肢②「風船」の絵に関して

Aさん　以前訪れた、スペインにある海が見える気持ちのいいレストランを思い起こした。そこでは花の種が入っている風船を貰って、好きなところで放すことができる。風船が下りたところに種がまかれて、やがて花が開く。その時の経験と、この絵がリンクした。

Bさん　自分たち一人ひとりにも進みたい道があって、私たちが率いた道からそれぞれのクライアントが花を咲かせていく。それを十人十色の風船が表していると思う。そんな想いが込められた風船が、空に放たれるのをサポートしていきたい。

Cさん　この絵だと、何をやっている部門なのかが伝わりづらいかもしれない。

選択肢③「グレートリセット」の絵に関して

Aさん　グレートリセットだと、リセット後の正解が見えているようなイメージがある。すでに正解のある分野もあるが、人間とか働くことの正解はよくわからない。今までの常識や固定観念にとらわれるのはやめて、好きや楽しいといった感情を優先したい。

Bさん　現象として大地は割れているが、人として大事なことは変わらないといった受け取り方もできる。

Cさん　組織優位から従業員起点に変わっていくのは、グレートリセットと捉えることもできる。自動車業界のように産業構造そのものを変えて、他の業界と混ざり合って新しいことを生み出すみたいな、グレートリセットに近いものを人事の世界でも起こせないか。

Dさん　人がいきいきと働くために取り巻く環境を動かすとなると、やはりメインは人だと思う。大地といった自然は二番手な感覚があるので、人が出てこないところに違和感がある。

選択肢④「子ども」の絵に関して

Aさん　子どもって駆け引きをせず、損得考えずに行動する。無邪気に、より楽しい方に向かって、皆でわいわい過ごしている。そのいい意味での無邪気さを我々らしさと捉えるのはありかもしれない。

Bさん　ゴールが見えない、固定されない、あるいはゴールが存在しないところがすてき。

Cさん　登場人物は全員社員なのか？　当然目の前にいる人々にも向き合うけれど、さらに先にある社会やクライアントをイメージできる要素も入れたい。

Dさん　どこに何があるかわからない野の中、必ずしも順風満帆とはいえないことを暗示する空の下で、二人がチームとなってある方向に導いている状況は、不確実性の中での希望や信頼感を湧き起こさせるように感じた。未知の世界に向かって、先頭に立って進んでいる様子が表現されている。

ステップ2 ● アートの磨き込み

共感できる意見、あるいはまったく思いもつかなかったような意見はあっただろうか。

この部門では、プロジェクトメンバーの議論を経て、基本コンセプトとして子どもを前面に押し出した（＝選択肢④をベースにした）アートにすることで決定した。

そして、挙げられた意見や感想を踏まえて、オーバーオールズにて、子どもをコンセプトにした複数のドラフトアートが再度提示された。次のページ以降に掲載しているので、ステップ1と同様にあなたが最も気に入った絵はどれか、それぞれの絵に対する感想と併せて考えてもらいたい。

※あなたが選んだ選択肢とは異なる絵がコンセプトに選ばれているかもしれないが、ここでは選択肢④をベースとすることで合意したものとして、さらにワークを進めていただきたい。

タイトル「100人の子ども」

選択肢④－1

たくさんの子どもたちが、明るい未来に向かって走っていく。みんなでいこう、と呼びかけるように。

worksheet

タイトル「二人の子ども」

選択肢④－2

二人の子どもが、まだ誰もいない未知の大地へと駆け出す。少し雲行きも怪しい中で、自ら先陣を切る。一緒にいこうよ、と声をかけるように。

worksheet

タイトル「一人の子ども」

選択肢④－3

雨雲が立ち込める草原の中で、一人の子どもが前に進みながら、こちらを振り返って手を差し伸べている。いくよ、と語りかけるように。

worksheet

同じ「子ども」をコンセプトにしていても、三枚の絵が与える印象に違いがあることを感じていただけただろうか。

では、ステップ1と同様に実際の議論の様子を紹介する。

選択肢④-1「100人の子ども」の絵に関して

Aさん 皆が同じ方向を向いているのは、やはり気になる。明るい楽しい雰囲気は伝わる半面、未踏の道を切り開く感は弱まってしまったかなぁ。

Bさん 社外に対して、〝楽しい組織・部門だからおいでよ！〟というのは伝わりそう。メンバーが思い思いにチャレンジできる世界が広がっているイメージ。〝すてきな世界が待っているから、こっちに来てみなよ！〟的な。

Cさん 手前の人が遅れているように見えるところは、そんなに気にならない。それより皆がひたすら先に進もうとしている前向きで主体的なところが印象に残った。

Dさん 大人数にすることで、一人ひとりが埋もれてしまった。もう少し個のエネルギーを感じさせる描写があってもいいかも。

選択肢④-2「二人の子ども」の絵に関して

Aさん　シンプルで、他者に説明しやすい。未知の世界に向かって先頭に立って進んでいる様子が表現されているように感じた。

Bさん　流れていく大きな背景・環境の中で、先へと導く存在でありたいという想いを受け取った。一人じゃ心許ないし、不特定多数だと存在感が弱まっちゃいそうだから、二人という人数が絶妙だな。

Cさん　自分は二人の関係性がよくわからないと感じてしまった。

Dさん　日本において人材マネジメントの分野って、明るくなる可能性も暗くなる可能性もある。この先何があるかわからないけど、変わっていかないといけない。新しい価値観やアイデアも生まれづらく、後回しにされることも多い分野だけど、未開拓の部分に青臭く取り組んでいきたい。

選択肢④-3「一人の子ども」の絵に関して

Aさん　大人を導いている感じがして迫力がある。ウインクっぽい表情も無邪気でよい。

Bさん　結構好きだな。自分に対して、ダイレクトにメッセージが届けられているような気がする。

Cさん　まわりに人が見えないので、取り残されたような孤独感を抱いた。

Dさん　一人だと危うい気もするけど、その危うさがいい。手堅く儲けられるビジネスを目指すのではなく、無防備に、リュックも背負わず、下手したら水もないかもしれないけれど、自ら突き進んでいく覚悟のようなものを感じた。

Eさん　先の雲行きが怪しい気がしてしまった。空の色が暗いからかな？

最終的に、本ケースの題材となった部門では、選択肢④－2をベースとして絵を完成させた。その背景には、「この二人は自分たちの姿で、あえて子どもとして表現しているのは、初心や無邪気な気持ちを大切にしたいから」ということがあったそうだ。

プロジェクトリーダーは、「組織人材マネジメントは、人を評価するとか配置するとか、ただでさえ小難しく考え過ぎたり、人々の様々な思惑が入り乱れたりすることもある。そうなりがちだけれど、本来はもっとシンプルにワクワクするとか、未来が明るくなるとか、そんなふうに感じながら働いてほしいなと思っているし、自分たちもそうなりたい。それを表そうとすると、子どもになったんですよね」と語っていた。

また、「自分たちはチームで戦うので、二人の人物を描いていて、かつ目指す先には明るい兆しを感じると同時に、何が起こるかわからないとも読み取れるような雰囲気の空や自然が広がっている。先が見えない状況であっても、いい意味での無邪気さでそこに立ち向かい、クライアントの皆様を率いていきたい」との想いが込められているそうである。

いかがだっただろうか。今回の結論が、皆さんの考え方や感じ方と同じだった方もいるかもしれないし、まったく自分とは違うなと思った方もいるかもしれない。

ここであらためて強調しておきたいのは、「選択肢①・②・③や、④－1・④－3を選んだ人が、間違いだったわけではない」という点である。選択肢④－2の絵を選んだ場合も、その他の絵を選んだ場合も、その人なりの理由や想いがあり、もちろんそこに正解も不正解もない。

具体的なプロセスや効能は第3章で述べた通りだが、アートを用いながら「何となくこっちが好き」「これはイメージと合わない」というやりとりを繰り返すことで、「この会社において、自分が大事にしたいことは何か」という自身の根幹にある価値観が整理される。さらに絵を見ながら他者と会話をすることで、互いに気づきを与え合いながら、プロジェクトチーム、ひいては組織全体としての価値観をブラッシュアップさせることにつながるのである。

さて、アートがもたらす効果やその面白さを少しは感じていただけただろうか。さらに理解を深めていただくために、新オフィスに壁画アートを作成したプロジェクトをCASE2として紹介したい。

CASE2

想いを込めた壁画を新オフィスに掲げる

シチュエーション

B社は交通誘導や施設・イベント等において、警備業務を提供する企業である。また人材育成にも力を入れており、警備という仕事を通じて「今の生活を変えたい」という想いを抱える方たちに光を照らし、新しい一歩を踏み出すサポートを行うことこそ、自分たちにしかできない大切な役割だと認識し、人材再生を育成方針に掲げてきた。

そんなB社がオフィスを新拠点へ移設するにあたり、一階エントランスに描くアートを作成するプロジェクトが立ち上げられた。現場で働く警備員のサポートを行う営業やコーポレート部門の社員がプロジェクトメンバーに選定され、あなたもその一員としてアートを作り上げることが求められている。

ステップ1 ● ドラフトアートの提示

まず社長およびプロジェクトメンバーに、どのようなアートにしたいかのヒアリングを実施した。最初に出たのは次のようなワードであった。

気合、根性、やりきる、苦しみ

ヒアリングを続けると、次のようなワードも複数意見として挙げられた。

人材再生、仲間、復活、変化、連鎖、手、開ける・拓ける、充ちる

空、太陽、虹、光、明かり、未来

これらのヒアリングを踏まえて、オーバーオールズからは次の三枚のドラフトアートが提示された。それぞれの絵について、オーバーオールズとしてのコンセプトも記

載していので併せて確認してほしい。

次に、CASE1と同様に、自分が選ぶとしたらどれがよいのか、それ以外の絵は何がよくないのか、選んだ絵について、もっとこうしたいと感じたポイントはどこかなど、思いついたことや感じたことを自由にワークシートにメモしてもらいたい。

タイトル「エンジェルブック」

選択肢①

一人ひとりの人生に夜明けを。警備に出る隊員さんや彼らを支える事務スタッフ、様々な人が一丸となってそれを実現していく。虹色の光は、警備棒のサインを表現している。

worksheet

タイトル「一筋の光」

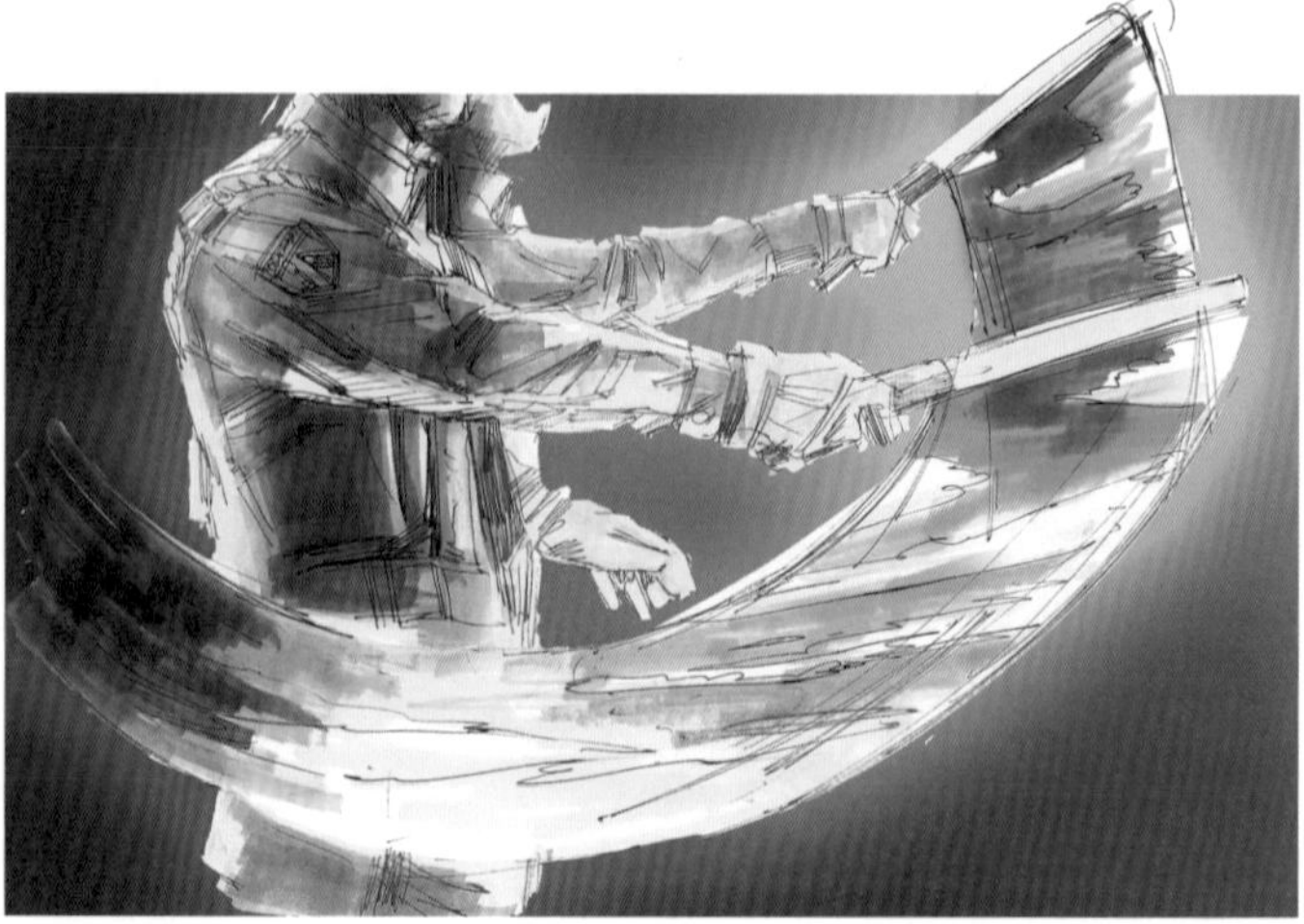

選択肢②

警備業務に就く隊員さんの仕事をかっこよく表現したい。警備の誘導棒の一振り一振りが、ほんのちょっといい明日につながる。夜から朝焼け、そして明るい晴れた日へと変化する様子を光の中に表現した。

worksheet

タイトル「とことん」

選択肢③

中には少し生活の荒れている方もいる。そういった方々の生活を再建することは、決して生半可ではない。常に相手ととことん向き合い、全力で喜びを分かち合い、時に全力で叱咤する。檄を飛ばしているようにも見え、一緒に喜んでいるようにも見える姿を絵にした。

worksheet

CASE1とはテイストの異なる三枚のドラフトアートが提示されたが、「自分だったらこの絵を選ぶ」を決められただろうか。

ではCASE2でも同様に、実際の議論内容を一部抜粋して紹介する。

選択肢①「エンジェルブック」の絵に関して

Aさん　これまでの人材再生にまつわるストーリーをまとめたブックがあるが、まさにそれらのストーリーがこの一枚の絵に集約されているよう。

Bさん　他の絵と比較すると、警備会社という特徴が伝わりづらいかもしれない。

Cさん　営業担当など、警備員以外の職種も描かれているところがよい。色使いにも多様性を感じる。

選択肢②「一筋の光」の絵に関して

Aさん　表情が見えないことから、孤独なイメージが思い浮かんだ。色使いも影響しているのかも。

Bさん　業務中に警棒を振っている瞬間を切り取って絵にしてくださっていて、あらためて自身の仕事に誇りを持てた。

Cさん　深い青や紫、明るい黄色が使われていることから、深夜から夜明けにかけて勤務してきた日々を思い返した。暗い印象ではなく、希望や導きといったポジティブな印象を抱いた。

選択肢③「とことん」の絵に関して

Aさん　自分たちの会社の雰囲気を最も表している気がする。いろんなセリフを連想できるところがいい。

Bさん　汗水垂らして、顔と顔を突き合わせて、時にぶつかりながらも、どうにか前に進もうという生き様がひしひしと伝わった。

Cさん　ちょっと強過ぎるというか、熱血過ぎるかも。

Dさん　女性の要素は入れなくていいのか？

ステップ2 ● アートの磨き込み

プロジェクトメンバーの議論を経て、この会社では選択肢③をベースとした、社員同士が全力で向き合う姿をコンセプトに掲げることで合意した。

議論の中で、「女性の要素も追加したい」「職種に関わらず、社員がフラットな関係でいられる会社であり続けたい」との意見が出たため、それらの要望を踏まえ、オーバーオールズから第二弾のドラフトアートが提示された。

ここでもあなたが最も気に入った絵はどれか、またそれぞれの絵に対する感想をワークシートに記入いただきたい。

※あなたが選んだ選択肢とは異なる絵がコンセプトに選ばれているかもしれないが、ここでは選択肢③をベースとすることで合意したものとして、さらにワークを進めていただきたい。

タイトル「ほんのちょっといい明日をとことん喜ぶ」

選択肢③－1

成長を尊重する雰囲気。熱心に伝える人もいれば、信じて見守る人もいる。やり方はそれぞれだけど、うれしい出来事があればみんなで分かち合う。

worksheet

タイトル「重なる導き」

選択肢③－２

警備員の仕事で再出発しようと心に決めた人たち。つらいこともたくさんあるけれど、そっと背中を押して支えてくれる仲間がここにはいる。

worksheet

タイトル「とことん」

選択肢③（ステップ1で提示した絵から変更なし）

個々の人間にとことん向き合う姿。それは檄を飛ばしているようでもあり、一緒に喜んでいるようでもある。

※この絵がなおベストと考えたため、ステップ2でも再度提示した。

worksheet

議論で出た意見を踏まえ、元々の選択肢③の絵が、どのようにブラッシュアップされたか感じていただけただろうか。

では、ステップ2での実際の議論の様子を紹介する。

選択肢③-1「ほんのちょっといい明日をとことん喜ぶ」の絵に関して

Aさん　すごくいい。絵として一番好き！

Bさん　性別問わず、肩を組んで笑い合っているところに社風を感じる。

Cさん　悪くないが、仲良し感が前面に出過ぎていないかは気になる。

選択肢③-2「重なる導き」の絵に関して

Aさん　女性が追加されてよくなった。今後は女性の採用も強化し、活躍できるフィールドを広げたいと考えているので、新社屋でこの絵が目に入ることで、そういった面でも良い影響や効果の波及を期待したい。

Bさん　男性＝警備員、女性＝事務（サポート役）と捉える人もいるのではないか。

Cさん　背中しか見えていないが、互いに励まし合っている様子を想像した。

選択肢③「とことん」の絵に関して

Aさん　登場人物は二人とも男性だが、職種という観点で見ると、警備員同士とも、警備員と営業担当とも、もしかすると警備員と社外の誰か（クライアントや通行人など）とも受け取ることができておもしろい。

Bさん　あえて片方を女性に変えてみてもいいが、優しさというか、マイルドな要素が際立ってしまうかもしれない。そこを強調したいわけではない。

Cさん　あらためて見ると、働くことの楽しさだけでなく、厳しさやつらさも含んでいるような気がして、きれいごとだけではないところがリアルでいい。

OVERALLS.

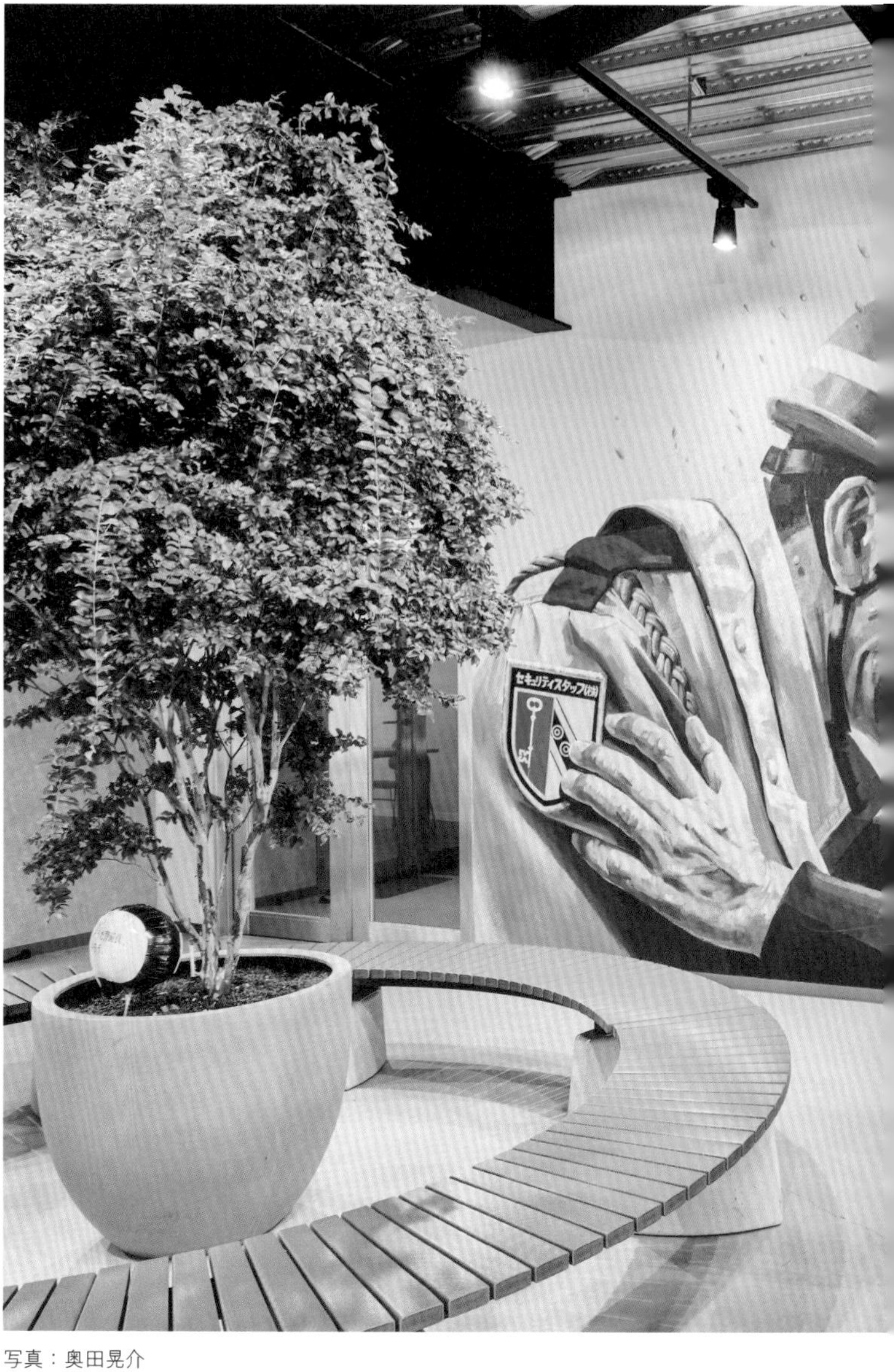

写真：奥田晃介

最終的に、本ケースの題材となった企業では、ステップ1から提示していた選択肢③をベースとして絵を作り上げた。

選択肢③は社長へのヒアリングをきっかけに考案されたのだが、不良少年として学生時代を過ごしていた社長には、当時の担任教師に胸ぐらをつかまれて叱られた経験があった。自分という人間と真剣に向き合ってくれたことが何よりもうれしく、大変心に響いたそうだ。この原体験を基に、この会社でも社員と真正面から向き合って、信頼関係を築いていきたいと熱く語ってくださったエピソードから、この絵は生まれた。

ステップ1の議論段階では一番人気ではなかった選択肢③だが、議論を通じて「職種問わず、目線を合わせて一緒に歩んでいく」ことこそが、設立当時から大事にしてきた考え方で、今後もそれは揺るがないことから、「導き」がキーワードになった。

絵の中で額を合わせる二人は、激しい感情をぶつけ合っているようにも見えるし、喜びを分かち合っているようにも見える。これはこの会社のミッションにも通じる、それぞれの社員の人生そのものにとことん寄り添う姿勢を表現したものでもあるのだ。

アートを用いた検討を体感いただくために、二つの事例をご紹介したが、いかがだっただろうか。

皆さんにとって身近な事例ではないため、わかりづらい部分があったかもしれないが、アートを通じてどのような議論がなされ、最終的にどのような結論に至ったのかについて、少しでもご理解いただければ幸いである。

第5章

協業への想いを描く

「ＷＯＷ経営」を絵で表現する

第1章から第4章にわたって「ＷＯＷ経営」の重要性、魅力、そして可能性を読者の皆様に訴えかけてきた。ここまで読んでいただいた読者の皆様にはもうおわかりだと思うが、我々はＨＯＷではなく、個人や組織のＷＯＷを引き出すことを狙いとして、アート（絵）を使った表現やコミュニケーションの実践を提案している。

こうして読者の皆様にＷＯＷ経営の提案をしてきた我々だが、オーバーオールズもデロイト トーマツ コンサルティングも、様々な企業様の改革のご支援、そして本書の執筆を通じて、「ＷＯＷ経営」の重要性、魅力、そして可能性をあらためて再認識した一人だと考えている。

そこで最終章となる本章では、本書の執筆メンバーにとって「ＷＯＷ経営」の重要性、魅力、そして可能性を実感する大きな契機となったイベントの一部を紹介したい。

本書の執筆メンバーは次の通りである。

オーバーオールズ

赤澤岳人（第1章）

若島　薫（第2章）

デロイトトーマツコンサルティング

岡本　努（序章）

山本啓二（第2章、第3章・第4章監修）

伊藤拓哉（第3章、第5章）

北島亜津子（第3章）

寺本未侑（第4章）

本白水ナナ（第3章）

この八人が、両社の「協業への想い」を一人ひとりが絵で表現し、意見交換を行った。当日のカジュアルなやり取りと雰囲気を味わっていただくために、実際の発言や表現を極力そのまま生かした文章になっていることをご容赦いただきたい（イベントにはオーバーオールズの画家も参加）。

読者の皆様にとって、本章が「ＷＯＷ経営」の魅力に触れるリアルな追体験となれば幸いである。

描いた絵を徹底的に味わう

作品#1『決める』——伊藤拓哉

世の中に溢れる魅力的で多様な選択肢を前に悩み、あるいはすべてを必要と捉えて、我々コンサルタントは論理的にきれいにまとまった一つの大きな絵で描いてしまいがちである。しかし時には、そうではなく、心の底から大切なものや、心からやりたいと思えるものに勇気をもって絞る（≒他のものを捨てる）ことをもっと大切にすべきではないか。

伊藤　タイトルは「決める」です。描く前から、ボール以外のものを消すことは決めていました。まわりには花を描いたり、様々な色を使って「これをやってみたい」「あれをやってみたい」という想いを表現していますが、これまで歩んできた道、取り組んできたことを振り返った結果、「これこそが自分のやりたいことだ」と気づいたら、他のものを捨て、それだけに目を向けることが大事なのではないかと考え、これを絵にしました。

赤澤　いろんなことに目移りせずに、本当にやりたいことに絞り込んでいこうということですね。

岡本　伊藤さんにとって、野球のボールは何を指す？

伊藤　私自身がコンサルタントとして、「本気で悩んで、本気で責任を負っている人」に最後まで寄り添いきることのできる仕事だと思います。現在支援させていただいている企業様では、すべての領域で責任者として経営層と対峙し、プロジェクトを統括・リードする初めての経

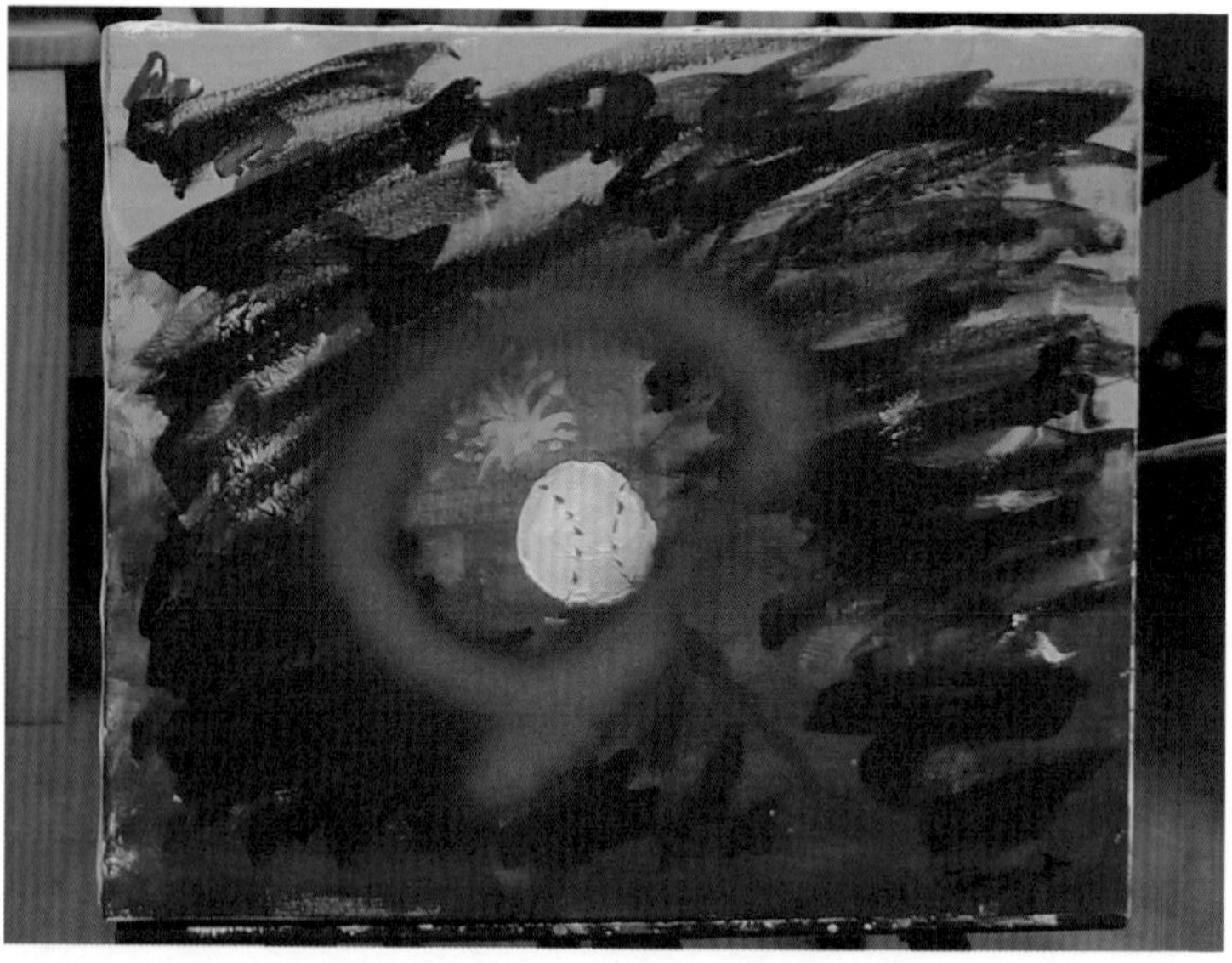

験をさせていただいています。次期社長のプロジェクトオーナーとは〝戦友〟のような関係で、日々ともに奮闘してきて、こういう仕事がしたかったのだと実感させられています。

若島　「絞り込む・決める」というのは、新しく何かが生まれてやめるということなのか、たくさんのものを検証するということなのか、どちらをイメージしていますか。

伊藤　実際の場面では、様々なものがポンポン生まれて出てくるのかもしれないですね。どうしてもコンサルタントをやっていると、全体像が示され、すべての要素がMECE（漏れなく、重複なく）になっていて、その構造が明瞭であるものを表現したくなります。しかし、物事を「決める」のは必ずしも〝きれいな絵〟ではなく、強い意思とメッセージである瞬間があるのも確かです。全体観のある〝きれいな絵〟の必要性は否定できないですが、我々はもっと「絞り込む・決める」にこだわってもよいのかなと思っています。

（画家）　アートの世界でも、きれいな絵を描ける人は多いと思います。でも、大事なのは「良い絵を描けるか」なんです。例えばピカソも、一般的な〝きれいな絵〟ではないですよね。多くの人が知っている『ゲルニカ』はいわずもがなですが、戦争をモチーフにしています。これも、そういったことに関心がある人には〝刺さる〟絵の典型的な例だと思います。

作品#2『当たり前の中の違和感』──本白水ナナ

私たちが暮らす自然の中では異物的に映る数字や論理が、ビジネスシーンなどの様々な場面で当たり前のように重視されているが、あらためてその違和感を探るべきではないか。また、違和感がありながらも数字や論理が重視されるのであれば、それと同じように自然に感じたことや素直な感情・想いだってもっと重視されてもよいはずではないか。

本白水　普段、我々は自然の中で（日本であれば四季の流れの中で）生きているということを改めて考えてみたときに、数字などの「論理的な正しさ」がなければ生きていけないわけではない、実はなくても成り立つのだということを表現したいと考えました。我々は普段「論理的な正しさ」を常に求められながら生きていますが、あらためて振り返ってみたときに、本当になければならないのか、むしろ混在していること自体が違和感なのではないか、それを問いかけたかったです。アートはそういった今や当たり前になっている前提を改めて考え直させてくれるもの、新しいものを見せてくれる、生み出すきっかけを与えてくれるものだと思っています。

岡本 こうして木々の中に数字が混在すると、ものすごく違和感があるものだと気づいた。自然というのは、もっと曖昧なもののはずで、4と5の間のような、もしかしたら1000かもしれない。

本白水 論理的な正しさにこだわる世の中で、かつ自分自身もどこか正解を求めて生きていると思うが、それがなくたってこれまで生きてこられたはず。にもかかわら

ず執着している。正解ばかりにこだわらず、人間が本来持っている感情や想いを引き出して皆が共有できれば、もっと良いものが生み出せるのではないか。

北島　木は大体のサイズがわかるが、数字はサイズがわからない。それなのに、結構数字のことを信頼している自分に気づいた。

山本　言葉自体が、自然界にはない概念ですよね。

本白水　実は、数字を描いてみたら、思いの外はっきりとした存在感が出てしまって、慌ててぼかそうとしたんです。でも、ぼかしてもぼかしても数字の存在感が消えなかったですね。

赤澤　自然は有機物、数字は無機物。人間の可能性を感じる絵でもあると思った。

若島　ちなみに、太陽の色はなぜこの色にしたんですか。

本白水　太陽は赤色っぽくも、黄色っぽくも見えるので、自分が想像する太陽の色を混ぜて描きました。

(画家)　目に見えた色を描くのは意外と難しいんですよね。加えて、太陽の色はなかなか見えないですからね。

岡本　数字を描いてからぼかしたくなったという話は、経営会議を思い出した。数字を出したら数字に反応されてしまって、本質的に伝えたいことが伝わらなかったというシーンにも通ずるところがある。

赤澤　以前メディアに出演させていただいた際、「アートの会社がこの国で上場しちゃう、みたいなことをやりたいんだ」と発言したら、「上場したいんですか」と問われ、上場の話になってしまった。

岡本　不透明性があった方がよりよい、わかりにくいものを大切にしたい、もう少しぼかして、よく見たら「3」になる、くらいの見え方が一番いいかもしれない。

作品#3『明るく楽しいカオス』——山本啓二

一見すると正反対のことを生業にしている二社が交わり、明るく楽しい世の中をつくることに貢献すべく、予想できない化学反応を期待し、明るく楽しく取り組みたい。

山本　私の作品は（本白水さんの作品とは違って）残念ながら数字は入っていませんが……今回の協業のコンセプトとして何かを描こうと思い、私の頭に浮かんだキーワードが「楽しい」「WOW」「カオス」でした。なのでといっていいのかはわかりませんが、今回は何かを表現しようと思って描こうとはせず、ある意味、筆がおもむくままにというか、最初から最後までこういうのを入れたら楽しそう、おもしろそうということだけで筆を進めた結果です。ベースの色にオレンジ色っぽい色を選んだのも今日の気分です。それをベースにしながら、オーバーオールズのイメージカラーの黄色、デロイトのイメージカラーの緑色も使ってみたいなと思い、「W」と「O」と「W」を描いていきました。その後、純粋に絵を描くということを楽しむために、これまでほとんど使ったことがなかったスプレーを使ってみたいと思いチャレンジしました。そして、なんとなく物足りないなと思っ

て、最後に、黒色で複数の人が手をつないで絡まっている様子を追加して完成したものになります。

若島　絵をキャンバスの全体に描かずに、余白を残したのはなぜですか。

山本　そこはこだわりで、枠に合わせるのは〝負け〟な気がしたんです。

北島　描かれているものの向きもバラバラですよね。

山本　カオスを表しています。自分の頭の中をあえてカオスにしたかったんです。

(画家)　カオスというのは「混ざる」ことを意味しますが、一方でこの絵は三原色が多いように思います。何か意図はありましたか。

山本　それは無自覚だった。無意識的に、「絵を作らなければ」と思ってしまったのかもしれないです。自分の中で美学がまだ残ってしまっていたのかもしれないですね。そういわれてみれば、三系統の色しか使えていない。自分の中の三原色が生まれたてで、まだ混ざり合っていないということなのかもしれませんね。

作品#4『カオ』――若島 薫

「仕事に個人的な感情を持ち込まないこと」――。企業の成果創出のために、合理的な決断のために、働く人々は個人的な感情を隠すことに慣れきっていないか。変化が激しく複雑な事業環境の中では、合理的な選択だけでは戦えない。自分の本当の想いや意志を表現することが本当の強さになるのではないか。いや、強いとか弱いとかではなく、その方が楽しくて幸せな生き方ではないか。自分の本心を覆い隠すベールを外そう。

若島　（この後登場する）岡本さんの絵とコンセプトがかぶっているかもしれないですが、仮面をかぶっている姿を表しています。仕事はしているんですが、自分の正直な意見や気持ちを述べていない自分に気づきました。ベールを脱いで、本当の自分をさらけ出そうという想いで、この絵を描きました。左側がもともとの自分で右側に行こうとしています。

北島 私はこれを見たときに、右側がいわゆる〝外面〟で、左側が本当の自分を表していると思ったのですが、違うのですね。

若島 描いている自分としてはまったくそのつもりはなかったのですが、いま言われて、その捉え方でもよいかもしれないと思いました。いや、むしろそっちの方がよいかもしれないですね。

北島 左側にもいくつか色がありますが、これは意図があるんですか。

若島 最初は真っ黒に描こうと思っていたのですが、途中で大変だなと思

い、様々な色を取り入れました。実は左側は、伊藤さんと同じで、途中までしか顔を描いていないんです。どうせ消すつもりだったので。しかし自分の中では、右と左でいえば右が本物だと思っていたのですが、こうしていわれてみると、自分というものが確立していない気がしてきました。

伊藤　ではこの流れで、岡本さんのもいってみましょうか。

作品#5『抑圧の涙と解放の喜び』――岡本 努

普段、常に異なる感情が同居しているのが人間じゃないだろうかと思っている。仕事の場面でも、自身でもはっきりとＹｅｓであり、うれしい・楽しいという感情と、Ｎｏかもしれないという不安やつらい・厳しいという感情を同時に抱えながら日々を過ごしている。この絵では、そんな矛盾するような感情を一つの顔に描いてみた。そんなときでも、裏側では実は泣いているという状況を打破し、少しでも、その感情を隠さず、表現してほしい。片方は明るく笑っているが（解放）、片方は暗く目を閉じて泣いている（抑圧）。普段はこの二つが同居しており、その境界線は曖昧であるが、この協業では解放を重視したい。

岡本　片方を見たら笑っていて、もう片方を見たら目を閉じて泣いている顔を表しています。また、泣いている方は、背景を少し暗く、笑顔の方は、背景を少し明るくしてみました。実際、つらい・厳しいという感情を自分の中に抑え込み、表では笑っていることも多いのではないでしょうか。あるいは、特にビジネスの場面においては、自分の中に、苦しい・つらいという感情と、うれしい・楽しいという感情を同居させながら、仕事に取り組んでいることも多いのではないでしょうか。

しかし、もしこのような状況が当たり前になり、お互いに、ポジティブな感情のみを表に出しているのみで、常にその裏側に「涙」の感情を隠したままでは、仕事の

場でのコミュニケーションが表層的になり、本質的で深い議論ができなくなったり、個々人の新しいアイデアを発現することも難しくなってしまう。このように、表情は笑っているが、心の中では泣いているのは本当につらい。これを感情の「解放と抑圧」だと捉えると、オーバーオールズとデロイト トーマツ コンサルティングの協業では、このような抑圧された感情の「解放」にこだわっていきたいと思っています。

伊藤　こうやってあらためて聞くと、「そんな意味があったの!?」とびっくりしました。そもそも、岡本さん、絵はど素人と聞いていたのに、こういう表現力を持ってらっしゃるんですね。

若島　すごくきれいな絵ですよね。最初見たとき、私の絵と似ているなとも思ったのですが、こうして聞くと実は捉え方が違っていておもしろいですね。色の違いもおもしろいなと思いました。

赤澤　色の使い分けはどんな意図があるんですか。

岡本　暗い色を下にしたかったんです。泣いているのは、抑圧されていることを表現したからです。だから、本当はぎゅっと目をつむって泣いているイメージにしたかったです。また、さらにいえば、左右の表情の変化点、そして、背景の色をもっと曖昧にというか、連続的な感じにしたかったんですが、そこは表現力が追いつかずもどかしかったポイントです。

北島 こうやって聞くと、あ、わたしもそうかもしれないな、と思いました。

伊藤 わたしも、これからは、周囲のメンバーに、いかに抑圧されてしまっている感情を解放してもらえるかを考えて工夫しないといけないな、と感じました。

作品#6『Natural Born Artist』——赤澤岳人

裸の自分が様々にまとっているものは、すべて自分が選んで表現したもの。今自分がいる場所もやっていることも、すべて自分が選んだものであり、それがすべての始まりである。

赤澤 僕は岡本さんと少し違っていて、解放ではなく、「もともとこうだったでしょ」と訴えたい。画力が足りませんでしたが、本当はフィギュアのように描きたかったんです。様々なまとうパーツが置いてあって、人間はあえてグロテスクにしたくて裸で描きました。人間が身にまとっている仮面をメインで描くか、裸をメインで描くか悩みましたが、人間のベースは裸であると思い、裸に決めました。

北島　顔のパーツが目だけになっていると思うのですが、目だけにした理由は何ですか。

赤澤　僕は裸を描きたいわけではなかったし、口を入れて表情を入れたりするのも嫌だった。ジュリアン・オピー（イギリスの現代美術家）に憧れたのかもしれないですね。

寺本　まわりの物には何か意味がある

んですか。

赤澤　生活に必要な物が多いんですが、本当はもっといろんなものを入れたかったんです。「表現する」ということは、選ぶことであるということが言いたい。あなたが今日着ているスーツ一つをとっても、ギター一つをとっても、「すべてあなたが選んだものだ」ということが言いたかった。ここに来ていることも、やっていることも、すべてあなたが選んだことである。それが物事の始まりである、と言いたかったんです。

岡本　確かに、言い訳にする人が多いかもしれない。他責にしているだけ、というか。

赤澤　できれば、それをハッピーに伝えたいんです。全部を好き好んで選んでいるのだから、もっと能動的にやったらいいのにと思います。やらされていることなんて一つもないんです。

　クラウドサービスを扱う組織でビジョンのディスカッションをしていた際に、「クラウドとは一体何なんだ」という議論をずっとしていたんです。もともとは情報を抱え込んで出さないことが正で、昔の日本企業に向いていたと思うんです。ただ、クラウドという概念が生まれてオープンソースの存在が大きくなる中で、様々なことを考えて商売をしないと生き残っていけなくなった。これは、まるで大戦国時代を作ろうとしているのではないかとすら思います。御恩と奉公は果たしていいことなのか、ということを考えていかないといけない時代になったと思います。

作品#7『最近、仕事でワクワクしたのはいつですか？』
――寺本未侑

数字・根拠や他者の顔色に惑わされることなく、幼いころのように自身の興味関心がおもむくままに、「好き！　楽しそう！」といったワクワクできる瞬間が、仕事においてももっと増えてもいいのではないか。

寺本　様々な組織で働く方々と接していると、自分も含め、何かしらの判断を下さなければならない場面で、「データを収集・分析した結果、正しいといえるから」といった理由で判断に至るケースが少なからずあるように感じます。あるいは、「上司（もしくは経営層）がそう言ってほしそうだから」「過半数がそう言っているから、とりあえず賛成しておこう」とか。一方で、「何となく好き！　楽しそう！」といった超主観的かつまったくロジカルでない感覚に従って、仕事を進めることがあってもいいのでは……と感じることもあり、今回そのような想いを絵に込めました。幼い頃は数字・根拠や他者の顔色に惑わされることなく、自身の興味関心が赴くままに行動していたなぁと思い返し、幼少期に好きだったものに向かって、心臓から飛び出る矢印が突き刺さる様子を描きました。

北島　右上のハートから出ている矢印は、何を意味しているんですか。

寺本　このハートは心臓のつもりで、

羽を生やしたのは興味や関心は無限に広がる可能性があるからです。そんな中で矢印は配慮の表れで、本当は自分の素直な感情に向かってまっすぐ進みたいのに、そうはいかない場面もあるよね、ということを様々な角度や点線の矢印で表しました。

本白水　いろんなものが表現されていて、すてきですね。

寺本　本当はゲームとか音楽とか家族・友達とか、もっといろんな要素を入れたかったんですが、残念ながら時間と画力が足りませんでした。

赤澤　「見る人にメッセージを届けよう」ということを唯一言っているような気がする。社会や会社に所属していると、「好きだから」だけでは理由にならないけど、本当はもっとその気持ちを大事にしてもいいと思いますね。

岡本　例えばこういうものを経営会議の前に見せてから、経営会議に臨むというふうにしてもいいかもしれない。好きなものがシンプルでわかりやすくていいなと思った。

若島　ちなみに、この中で一番のお気に入りはどれですか。

寺本　一番好きなのは、ひまわりで表現した夏休みですね。また途中で大胆にスプレーを使っている山本さんを見て、私ももともとの絵に重ねる形で、最後に赤色と金色のスプレーを使って強調するようにハートを描きました。

山本　スプレー、いいよね。すごく楽しかった。

北島　絵の中にストーリーが構成されている点が新しいですよね。

作品#8『突破』――北島亜津子

当たり前にそばにあって、頼ってきた論理・根拠・慣習・事例など（≒地球）から、膜を破る／突破し、その先にある「本質」的な感情・感性（≒宇宙）の立場から、あらためて大切にすべきことへの思考・行動・決断をしたい。

北島　テーマは「突破」です。日々仕事をしているときに取り巻いている環境を「地球」に例えました。地球は

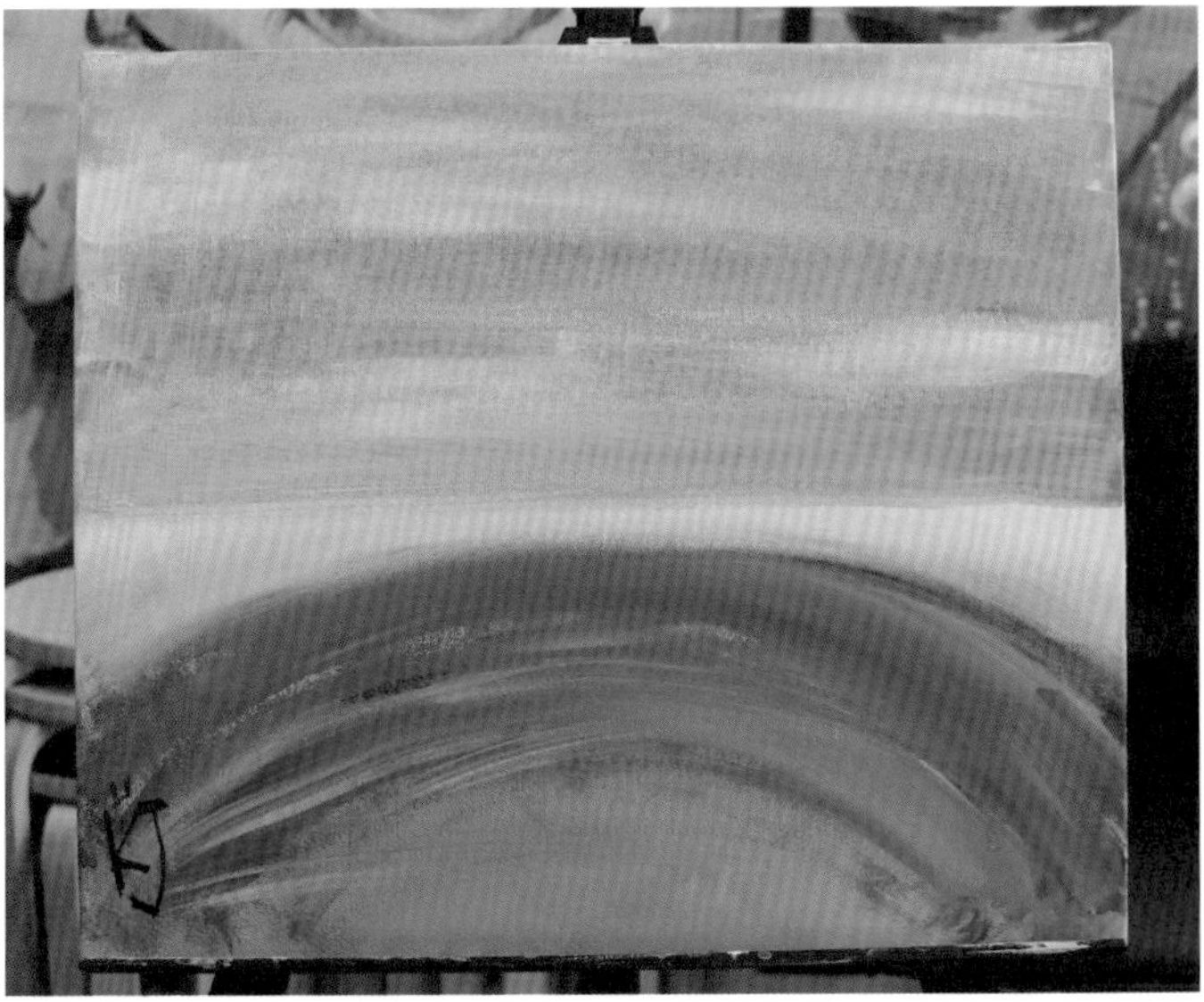

ルールや仕組みが整備されていて、それに慣れていれば非常にコンフォータブルな環境だと思うんですが、それって、大きな変化とかインパクトとか、実は本質ではないことも多く感じていまして。そこから脱却するために、大気圏を突破すると、本質や感情や真の価値が見える＝宇宙に行ける、というイメージを絵にしました。そして、宇宙からの視点というか、立ち位置からあらためて地球を俯瞰する。見据えていくことで、〝本当に大切にすべきこと、人を動かすことができる原動力や感動を捉えることができるのだ！〟という想いを持っています。

本白水　地球と宇宙の間にある白い線のようなものが大気圏ですか。

北島　そうそう、大気圏です。大気圏って地表から５００キロメートルくらいのところにあるんですって。一見すごい高い場所にあるなーと思いきや、５００キロメートルって地球の半径の10分の1にも満たないくらいの幅で、いわゆる薄い膜のようなものなんですよ。けど、実際に宇宙に行くためには、綿密に計画をして、高度な技術でロケットを作り、乗組員を徹底的に教育し、何度もシミュレーションして、宇宙飛行に向かうじゃないですか。

我々がやりたいことってそれに似ているなって思いまして。宇宙と地球の間にある薄膜の突破は簡単そうで難しい。過去からの慣習であったり、定量データから理論武装する行動（地球）と、本質や感情（宇宙）をリンクさせることで、組織やヒトが、本来の意味で輝く・価値が高まる。けどその間にある薄膜がこの二つをつなげることを阻害しているので、そこを結びつけるために一役買いたいと思っています。

ついでに説明すると、宇宙の色って自分で見たことがないので、こんな色だったらいいなと思い、オレンジや緑、黄色・赤などの暖色で構成しました。

岡本　宇宙と比較してだけど、地球がかなり暗くない？

北島　あえて寒色系を使ったどす黒い色で描きました。地球っていい場所なんですけど、汚いところとか我慢しなければならないところとか、負の事象や感情も多分にあって、そこを印象づけたかったんです。と、言いながらふと思ったのですが、「地球は汚い」という前提に立って描いてますね（笑）。

寺本　「こんな色だったらいいな」という想いでオレンジ色を選んだとのことでしたが、どんなイメージを表したかったんでしょうか。

北島　オレンジにした理由は、よく映画のワンシーンであるんですけど、逆光の時にキラッと光る間《ま》、わかりますか？　何色かわからないのですが、かなり明るく感じる色。まさにあんなイメージを表したくて。何色か定義されていない、人によって色が変わりそうなので、たくさんの色を混ぜました。

岡本　こういう色の選び方・感じ方は北島さんらしい。人によってカラーがあるのがとてもおもしろい。

「絵」は一人ひとりの選択の結果であり、言葉には表れない「本質」が現れる

この日は45分間でそれぞれが思い思いに絵を描き、その後一時間ほどお互いの絵とそこに込めた想いを共有し意見交換を行った。

このプロセスの中でまず初めに気づかされたのは、仕上がった「絵」は一人ひとりの最も強い想いが表現されているということである。テーマから真っ先に描きたいものを想起し筆をとっている者もいれば、なんとなく好きな色、なんとなく縦書き、そうやって筆を進めている間に自身が描きたいものが浮き彫りになってくる者もいる。

いずれにせよ、「絵」を描くということは何かしら色や形を選んで描いていて、同時に何かしらの色や形を捨てているともいえる。すなわち、絵を描くこととは意思決定の連続であり、その中で最も強い想い（＝残るもの）が「絵」として表れるのである。

次に着目すべきは、「絵があるからこそ理解できる思想や文脈が存在する」ということである。

例えば、作品#1、#2、#7、#8はいずれも端的な言葉でまとめてしまえば、「論理や根拠ではなく、感情・感性を大切にしよう」という意見に集約できてしまうだろう。しかしながら、実際に描かれた「絵」はどれも異なり、#1は「捨てること」、#8は「突破する（殻を破る）こと」、#2は「違和感を持つ（気づく）こと」、#7は「ワクワクを思い出すこと」がそれぞれ強い思想として込められているのだ。

言葉一つをとっても、その言葉に込められた背景や思想、あるいは文脈が存在しており、これらは言葉で補い説明することもできないわけではないが、「絵」を描くとそれらが一目瞭然で浮かび上がってくるのである。

加えて、描いた「絵」を共有し合う際にも、「絵」の効能を体感できた。

#3では三系統の色しか使っていないという意見を受けて、「自分の中の三原色が

生まれたてで、まだ混ざり合っていないかもしれない」という新たな発見もあった。

#4でも、自身の思っている「自分自身」と、周囲からみた「自分自身」の捉え方が違っていたが、これをきっかけに描いた本人が考えさせられていた。

このように、まわりからの質問に答えたり、そこから発展して意見を交わしたりしているうちに、最初に自身の絵を説明したときには気づいていなかったことに気づけたり、それをきっかけにお互いの理解が促進される点も興味深い。自身の想いに対する理解が深まっていくイメージに近い。

最後に印象的だった#2の「絵」についての議論を紹介したい。

#2は四季で表す自然（有機物）に数字などの論理・根拠（無機物）が同居する違和感を表しているわけだが、本人が「本当はもっと数字をぼかしたかった」と述べた。

これはビジネスの場面においても非常によく当てはまるケースである。例えば、経営会議で、こちらは本質的な課題や価値を伝えたいのに、数字を書くと数字に反応されてしまい、やりたい議論ができなかった、というのも典型である。それほどに、数字（≒論理）というのは強烈で存在感が強い。

この議論を通じて、我々は立ち向かおうとしている論理や根拠といった〝壁〟の大きさをあらためて認識するとともに、それを飛び越えて感情や感性を剝き出しにするためのアプローチや仕掛けを世の中に強く訴えかけていく必要性を認識できたのである。

ここまで執筆メンバーのざっくばらんな議論をご覧いただいたが、いかがだっただろうか。繰り返しになるが、絵の上手い・下手は関係ない。自分の想いを正直に表現する・しようとすること、それを互いに語り合うことが重要なのだ。

本章が、内なる感情を表現すること、これまでの仕事の進め方に風穴を開けることと、あるいは、数十年ぶりに筆をとることのきっかけの一つになれば幸いである。

あとがき

4年ほど前、2020年春、ちょうどコロナ禍により、緊急事態宣言や外出禁止といった異常事態になったころの話だ。ニュースなどで不安や危機感などがあおられ、道路も閑散としていた。一部の会社では出社は禁止、すべてリモートで対応となるなど、働く環境が一気にこれまでにないものに移行したのもまだまだ記憶に新しい。

そんな中でも、仕事はストップしない。20年4月にも、21年4月にも、新卒のメンバーが入社してくる。中途採用などはむしろ活発化していた。弊社（デロイト トーマツ コンサルティング）でも、新規入社メンバーが増えていた。そして、クライアントの変革ニーズは旺盛で、多くのプロジェクトを発注いただいていた。

この時、どうしようもない不安にさいなまれた。はたしてプロジェクトはうまくいっているのか。クライアントの息づかいは聞こえないし、表情もなかなか見えない。こちらの伝えたいことがきちんと伝わっているのだろうか。コロナ禍であらためて考えさせられた。

ここで、ふと気づかされたことがある。それは、そもそもコロナ禍以前において、リモート環境ではない時代に我々のサービスや提言はクライアントに響いていたのか、ということだ。プロジェクトを担う者としての根本的な問いである。

また、このときにふと思い出したことがある。あるクライアントの経営会議。クライアント企業においてこれから取るべきと考えた戦略提案について、コンサルタントとしてプレゼンを行った。その場では、「なるほどわかった」と確かな手応えを得た。しかしその後、「そのプレゼン内容が経営陣に染み渡り、実行に至ったか」と言われれば、そうではなかった。そんなケースは決して少なくない。

ひるがえって、コロナ禍における社内メンバー同士のコミュニケーションや連携はどうだろう。その密度の低さ、仲間同士の信頼関係の不安定さ。リアルでの飲み会はもちろん、仕事の場でも雑談さえなくなっていた。不思議なことに、リモートではコミュニケーションが深まっていかないのだ。雑談をする場、お酒を飲むような場をどんなに設定してもだ。人間のコミュニケーションは、非言語コミュニケーションが90%超だという。その90%超の非言語コミュニケーションが駆使できない中では、新しい関係が深まることは難しい。もっとも、旧知の中であれば、それを確認したり、過去の記憶で補完もできるので、そこそこのコミュニケーションは可能なのだが。

しかし、ビジネスシーンではそうはいかない。新しく入社したメンバーはもちろん、コミュニケーション相手がクライアントであれば、なおさらだ。新しい関係の構築や、信頼関係を深めるといったコミュニケーションはリモートでは実質できないといってよい。

たとえリモートではなく、直接コミュニケーションが取れる場面であっても、論理的に誰が話しても同じように伝えるという方法だけでは、人間らしいパッションの部分が削り取られがちだ。コンサルタントとして、論理的に正しく、ミスなく、きちんとプレゼンすること。これは一見もっともらしいし、そのように指導する会社も少なくないだろう。ビジネスシーンでは、「あなたの想いではなく、論理を正しく伝えるべきだ」と。

そんな中、今回の書籍『ＨＯＷ経営からＷＯＷ経営へ』の執筆プロジェクトチームの一員でもある北島亜津子から一つの問題提起がなされたのを、鮮明に覚えている。「デロイトのような組織こそ、もっとアートに目を向けるべきでは？　こんな時代だからこそ、もっと人の気持ちを大事にするべきでは？」「ヒューマンキャピタルの組織人事コンサルタントとして、わかったようなわからないようなロジックに縛られ、振り回されてはいけないのでは？」

「知り合いに、アートで会社を楽しくするという非常におもしろいコンセプトでビジネスをやっている人がいます。オーバーオールズという会社です。デロイト トーマツ コンサルティングという堅い会社だからこそ、その会社との間でシナジーが生まれたら、この時代にすごい価値を生み出せる気がします！　場を設定したので、来てください！」というものだった。

これが、我々の協業のきっかけとなるスタートポイントだった。「コンサルタントとして、今ぶつかっている壁から話してください！」という北島の言葉から始まった初めてのミーティング。論理だけでは人は動かないという難しさや限界、そして真の成果になかなか結び付けられない虚しさをぶつけた。

同時に、オーバーオールズ代表である赤澤岳人さんとメンバーの若島薫さんから、「日本が陥っている停滞感や、楽しむことの大事さをもっと主張し、きっかけを作っていきたいんだ！」という熱い想いを聞き、感動したことを覚えている。

そこで企画されたのが、「まずは本格的な絵の具を使って、キャンバスに絵を描いてみよう！」というイベントだった。絵を描くだけならリモートでもできる。海外赴任者でさえ参加できる。何人でも参加できる。実際、素晴らしいイベントとなった。みんなが「自分の好きなもの」というテーマで絵を描いた。「絵を描くのは幼稚園か小学校以来だ」という数十名のメンバーが、気持ちだけはしっかりと込めた絵を描き、お互いに見せ合い、自分が好きなものを語り、絵の意味をお互いに問い合うという特別な体験をした。

アートは本当に不思議だ。アートを目の前にすると、年齢も役職も関係なく、その絵が好き・きれい・あざやか・ワクワクする・おもしろいといった素直な感情をともなった言葉が自然に出てくる。人の感情とは、そもそも社会的なものではないことがよくわかる。

我々のビジネスシーンの日常では、企業の社会的な立ち位置、組織の中での個人の立場や役割、そういったものにことごとく縛られている。それをアートを使って打ち破ってみようというチャレンジを提言させていただいたのが本書である。

日本では、一部では活気を戻しつつあるが、まだまだ閉塞感や停滞感を感じることが少なくない。だからこそ、ワクワク、楽しく、の原点に立ち返るべく、本書が自己の解放にチャレンジするきっかけとなればうれしい。

本書の作成にあたって、アートを用いた企業変革に本気で取り組んでいる企業様にインタビューし、その取り組みにかけた想いを語っていただいた。取材に応じていただいたミズノ株式会社様、トヨタコネクティッド株式会社様、大日本住友製薬株式会社（現・住友ファーマ株式会社）様には、心より感謝申し上げたい。また、本書の執筆においては、オーバーオールズの赤澤岳人さん、若島薫さん、そしてこのコラボレーションのきっかけを作ってくれたデロイト トーマツ コンサルティングの北島亜津子さんをはじめ、デロイトの山本啓二さん、伊藤拓哉さん、寺本未侑さん、本白水ナナさんが、熱い想いを込めてわかりやすく執筆してくれた。あらためて感謝を申し上げたい。

また、本書には随所にアート作品の写真を掲載している。すべての作品は、オーバーオールズのアーティストである山本勇気さんの監督・制作によるものである。アートを通じていつも驚きや感動を与えてくれる山本勇気さんにもこの場を借りて感謝申し上げたい。

末筆ながら、本書を発行する機会をくださった株式会社日経ＢＰ、株式会社日経ＢＰコンサルティング、コミュニケーションアーツ株式会社の編集・デザインチームの方々にも感謝を申し上げたい。

本書が皆様の新しいＷＯＷを生み出す一助になればと切に願っている。

２０２４年３月吉日

デロイト トーマツ コンサルティング合同会社

執行役員 パートナー　岡本　努※

※現：株式会社 人的資本イノベーション研究所 代表取締役

執筆者紹介

赤澤 岳人（Takato Akazawa）

株式会社OVER ALLs　代表取締役社長

1981年生まれ。ロースクール卒業後、数年間の無職期間を経て29歳で初就職。大手人材会社に入社。営業として勤務する傍ら社内の新規事業コンテストで優勝。新規事業推進室の責任者に。2016年、画家の山本勇気と共にOVER ALLs設立。年間で数十件の企業や組織、自治体などのWOW！をミューラル（壁画）で表現する活動を続けている。

若島 薫（Kaoru Wakashima）

株式会社OVER ALLs　ディレクター

新卒でコンサルティング会社に入社。営業改革、人事改革、新規事業等のプロジェクトを経験後「オフィスアート」を知り、2019年にOVER ALLsに参画。最高戦略責任者としてデロイト トーマツ コンサルティングと協業や大手企業との取り組みの企画推進をリード。2024年SUPER UNIVERSAL合同会社を設立し、活動の幅を広げている。

岡本 努（Tsutomu Okamoto）

株式会社人的資本イノベーション研究所 代表取締役

デロイト トーマツ コンサルティング合同会社執行役員パートナーを経て現職。25年以上にわたり、組織・人事領域を専門とした経営コンサルティングに従事。人事中計策定、要員・人件費マネジメント、人的資本経営、人事戦略立案、人事制度設計等、幅広いテーマに従事。最近は、人的資本イノベーションに関する研究や関連コンサルティングに注力している。

山本 啓二（Keiji Yamamoto）

デロイト トーマツ コンサルティング合同会社　執行役員／パートナー
組織風土変革（Culture）サービスリーダー

15年以上にわたり組織・人事関連のコンサルティングに従事。特に組織風土変革、従業員の意識・行動変革に関して豊富な経験を有する。企業の戦略方針転換時やM&A・会社分割に伴う事業構造転換時の新たな風土醸成、業務改革や働き方改革を推進するための従業員の意識・行動変革など、組織・人・風土の側面から支援している。

伊藤 拓哉 (Ito Takuya)

デロイト トーマツ コンサルティング合同会社　シニアマネジャー

10年以上にわたり、組織・人事領域のコンサルティングに従事。特に理念体系策定・浸透、組織・権限設計、組織風土改革に関して豊富な経験を有する。ビジョン・戦略やビジネスモデルの転換などに伴う組織・人材変革を得意としており、近年はハード（組織・権限・制度・ルール等）とソフト（人材・風土等）の両面から一気通貫・同時並行的に変革を行う大規模な全社変革を多数支援している。

北島 亜津子 (Atsuko Kitajima)

株式会社サンリオ 人事企画部ゼネラルマネージャー

デロイト トーマツ コンサルティング合同会社マネジャーを経て現職
ハウスメーカー、人材会社を経て、デロイトに参画後は、9年にわたり一貫して組織・人事コンサルティングに従事。人的資本経営、人事戦略立案、人事制度設計、要員・人件費分析や人事中計策定、タレントマネジメント体系構築などが専門。現在は、株式会社サンリオにて人事企画部GMとして人事戦略立案や人事課題解決をリードしている。

寺本 未侑 (Miu Teramoto)

デロイト トーマツ コンサルティング合同会社　シニアコンサルタント

組織・人事関連のコンサルティングに従事。前職人事部での採用・教育の経験を生かし、ありたい姿の実現に向けた組織風土や業務プロセス変革の支援を中心に携わる。そのほか、組織設計、人事制度設計、リーダーシップアセスメント、チェンジマネジメントといった幅広いプロジェクトを経験。

本白水 ナナ (Nana Motoshiromizu)

デロイト トーマツ コンサルティング合同会社　コンサルタント

新卒でデロイトに入社後、組織・人事領域を専門としたコンサルティングに幅広く従事。主な担当プロジェクトとして、グローバル企業を対象としたチェンジマネジメントや、サクセッションプランニング、リーダーシップアセスメント、人的資本経営に係る戦略構想策定、人事制度設計支援 等、多岐にわたる。

デロイト トーマツ コンサルティング合同会社

国際的なビジネスプロフェッショナルのネットワークであるDeloitte（デロイト）のメンバー。デロイトの一員として日本のコンサルティングサービスを担い、デロイトおよびデロイト トーマツグループで有する監査・保証業務、リスクアドバイザリー、コンサルティング、ファイナンシャルアドバイザリー、税務・法務等の総合力と国際力を生かし、あらゆる組織・機能に対応したサービスとあらゆるセクターに対応したサービスで、提言と戦略立案から実行まで一貫して支援するコンサルティングファーム。

株式会社OVER ALLs（オーバーオールズ）

年間40作品以上を手がけるミューラル（壁画）アーティスト集団。2016年、代表の赤澤岳人と画家の山本勇気で結成。2020年、ドキュメンタリー番組『情熱大陸』出演。同年より原発事故で住民ゼロとなった福島県双葉町にボランティアで壁画を15点制作。主な作品として、「エスコンフィールドHOKKAIDO」（北海道北広島市）のダルビッシュ有・大谷翔平選手の壁画、スターバックス コーヒー「渋谷パルコ店」の壁画、みずほフィナンシャルグループの大手町ATM跡地に同社のパーパスを描いた壁画などがある。
http://www.overalls.jp/

HOW《ハウ》経営《けいえい》からWOW《ワオ》経営《けいえい》へ
組織《そしき》の想《おも》いをアートで解《と》き放《はな》つ

2024年6月17日　第1版第1刷発行

著　者	デロイト トーマツ コンサルティング オーバーオールズ
発行者	河井保博
発　行	株式会社日経BP
発　売	株式会社日経BPマーケティング 〒105-8308 東京都港区虎ノ門4-3-12
装　丁	コミュニケーションアーツ株式会社
制　作	有限会社マーリンクレイン
印刷・製本	図書印刷株式会社

ISBN978-4-296-20527-1